企業戦略としての

役員報酬

設計・開示例をもとに

Executive Compensation
as the Corporate Strategy

弁護士 中西和幸 著

清文社

はじめに

「役員報酬」は、古くて新しい問題です。

役員報酬には金銭が伴い、その金額は決して小さいとはいえません。そのため、税務及び会計とは切っても切れない関係にあります。そこで、2008年に『役員報酬をめぐる法務・会計・税務』という書籍を、当事務所と監査法人・税理士法人が共同執筆で上梓し、第5版まで改訂を重ねてきました。

金銭以外の側面から見ますと、近時は、上場会社における開示、例えば有価証券報告書において、非財務情報のひとつである役員報酬が注目されています。「財務情報は過去に関する情報だが、役員報酬を含めた非財務情報は、今後の会社の将来性を判断する重要な情報である」と考えられるようになってきているからです。無論、全ての株主や投資家が役員報酬を重視しているわけではありませんが、重視する株主や投資家が増え、それに伴い開示事項も増加してきました。そこで、事務所の立場から離れて（無論、本書の記述は所属事務所の見解ではなく個人の見解です）、役員報酬制度の設計と開示について焦点を当てた書籍を執筆した次第です。

今回の書籍では、株式会社の仕組みと役員報酬について、歴史を遡り、エージェンシー問題という根幹を考え、役員のモチベーションやインセンティブについても具体的に検討してみました。成功すれば報酬が増えるというモチベーションを上げるための方法は、今も昔も根本は変わっていません。しかし、現代においては、その仕組みや手法について様々なものが考案されています。

そこで、こうした役員報酬の設計手法や開示内容について、具体例を多数引用しながら、解説したいと思います。

2022年12月

弁護士　中西　和幸

序　章

インセンティブ報酬をめぐる動き

第1章

役員報酬の要点

第2章

報酬委員会

第3章
報酬制度設計の要点

第4章
実例から見る開示のノウハウ

第5章
最近の役員報酬に関する問題

第3節 ESGと役員報酬 ―― 269

 ちょっと一息

[凡例] 本文（ ）内

　表示例：会社法第309条第2項第9号イ　会309②九イ

・会社法　　　　　　　　　　会
・会社法施行規則　　　　　　会施規
・株式会社の監査等に関する
　商法の特例に関する法律　　旧商特
・有価証券上場規程　　　　　有規

（※）　本書の内容は、2022年12月1日現在の法令等によっています。

序章

インセンティブ報酬を
めぐる動き

　本章では、役員報酬をめぐる最大の問題ともいえる
エージェンシー問題と、会社法及び金融商品取引法や証
券取引所が定める有価証券上場規程、また、コーポレー
トガバナンス・コードの役員報酬に関する改訂について、
解説する。
　役員報酬制度の設計と開示においては、こうしたエー
ジェンシー問題及び法令等の趣旨を理解し反映すること
が大切である。

株式会社の原型と役員報酬

■ 1 エージェンシー問題の概要

① エージェンシー問題とは

　エージェンシー問題とは、役員が株主の利益のために行動すれば会社の価値が向上する可能性が高いにもかかわらず、役員が報酬を含めて株主と利益が共通でないことから、自らの利益のために行動することをコントロールしない限り、会社の価値を向上させることができないという現象のことである。

　例えば、会社を経営するため日常的に業務に従事している役員は会社の経営状況について十分把握している一方、出資者は別の仕事に従事している等して会社にはおらず、会社の様子がわからない、という情報の非対称性というような、会社に関する情報の問題がある。

　逆に、役員側からすると、真剣に会社経営をしていてもそれを出資者に証明しなければ、出資者に理解されず退任を求められるリスクがあるため、自らの業務執行の適正さを保証する手段を、会社の経費を使って講じる必要があることになる。

　また、報酬については、出資者側からすれば、毎月一定の経費として計上しなければならず、その報酬が増加するほど会社資産が目減りするものである一方、役員側からすれば、会社財産がどのようになろうとも報酬さえもらえれば問題はない、職務を熱心に行わなくても安定的に報酬がもらえればありがたいというように、報酬に関して正反対の方向を向いている、という問題がある。

② エージェンシー問題の解消方法

そこで、出資者側としては、情報の非対称性を解消するために情報を把握し、また情報が十分でないことによるリスクを減らす手段として、役員側に定期的に情報開示を求め、また、監視を行うという解決手段を講じることになる。これが「モニタリング」である。

また、役員側としては、情報を任意に開示するだけでなく、第三者に経営を観察してもらう等、自らの行為が出資者の利益に合致することを出資者に示す必要があり、これが「ボンディング」である。

役員報酬についても、固定報酬だからこそ会社財産を使ってしまうかどうかが問題となるので、報酬設計を工夫することで、会社財産を減らさない報酬制度を考案する必要がある。

適切な報酬体系を構築するためには、歴史的経緯やエージェンシー問題の基本部分等を把握して、役員報酬制度に落とし込むことが大切である。

2 東インド会社と株式会社

① 株式会社の起源

株式会社の起源は、オランダ東インド会社まで遡る。東インド会社はヨーロッパからアジアに向けて船を出し、様々な商品を輸出して利益を獲得し、アジアからは香辛料等を輸入してヨーロッパでこれらを販売することで、利益を獲得することを繰り返していた。

まず、王侯・貴族をはじめ、様々な者から出資を募る。このとき、船が沈没したり商品が売れなかったりしたとしても、出資者は、拠出した後に追加で拠出を求められることはない。すなわち、補償する必要がない有限責任制がとられていた。

そして、集めた出資金で船を買い(現代の株式会社では固定資産に相当する)、

輸出する商品(現代の株式会社では流動資産や棚卸資産に相当する)を買って船に積み込んだ。アジアに向けて出航し、到着すると輸出品を販売して金銭に換え、その金銭で香辛料等を購入してヨーロッパに向けて戻った。ヨーロッパでは、輸入した香辛料を販売して金銭に換え、次の航海に備えるとともに(英国では航海ごとに精算していた)、利益を出資者に分配した。

　株式会社に当てはめると、この一往復の航海こそが一事業年度であり、出資者は株主、分配金は利益配当に該当する。

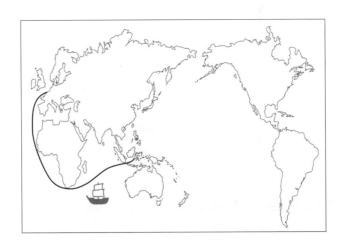

② 出資者と操船する者

　この航海において、出資者自身は操船をしてアジアまで航海するわけではなく、船長及び船員を雇って操船を任せることになる。しかし、出資者自身は、船長や中心となる船員を選ぶことはできても、船員一人ひとりを選ぶことができるわけではない。そのため、出資者が船長や主要な船員を選び、その他の多数の船員は船長が選ぶ体制とすることになる。

　この体制は、現代では、船長が代表取締役、主要な船員は取締役、その他多数の船員が従業員に相当する。

わかりやすく図示すると以下のとおりとなる。

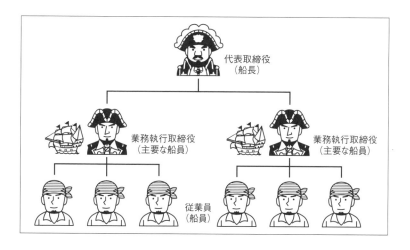

3 東インド会社のエージェンシー問題

① 船長の立場と報酬

　大航海時代では、航海に出ることは非常にリスクが高かった。動力は基本的に風力頼みであり、人力による手漕ぎを補助的に使うことがせいぜいであった。また、映画のテーマとなるような海賊が横行する等の状況であり、アジアまでの航海で無事に帰還することは決して容易ではなかった。

　このような中で、船長としては、まず遭難せずに無事に帰還することが最優先である。すると、貿易の成果にかかわらずしかるべき報酬が得られなければ、自身と国に残す家族のためを考えると、リスクの高い船長業務は引き受けられないであろうし、確実な報酬が高ければ高いほど職務に忠実になるであろう。

　また、船長としては船員を雇って給料を払わなければならず、航海中なにかと物入りであるところ、こうした費用を出資者に負担させて、自らが負担しないことが通常である。

② 出資者の立場と報酬

　一方、出資者としては、最初に拠出した資金以上に追加拠出を求められない有限責任制を前提としているため、船長の報酬は安いに越したことはない。しかし、安価な報酬で航海を引き受ける船長が優秀とは限らず、万が一遭難すれば、積み荷ばかりか船まで失うことになる。しかし、高額の報酬を支払って、一応無事に帰還したけれども、報酬支払後に残った予算では十分な商品を買い付けできず、結局、長い航海の割には利益が少ない、ということになっては、出資の意味が薄れてしまう。

　このように、出資者は、船長の報酬が安ければ、より商品や船にお金をかけられるが、船長に高額の報酬を支払うと商品や船にお金をかけられない、という難しい局面に立たされることになる。また、船員の給料も同様である。

③ 報酬に関する利害対立問題

　このように、出資者が専門家に業務を委託した場合、専門家の報酬が増えると出資者の負担が増すという構造にならざるを得ない。

　これを現代の株式会社の役員報酬に置き換えると、出資者としては役員報酬が少額であるにこしたことはないが、役員はより多額の報酬を求める、といった構造と同様になり、利害がぶつかることになる。この対立を解決できれば、出資者は儲かる確率が高いと出資してくるであろう。

　現代では、会社が「役員が自社の株式を取得することになれば株価が上昇する」と期待できる役員報酬制度を構築できるかどうか、ということが重要になる。

商法（会社法）の改正経緯と役員報酬

■ 1 平成14年改正まで

① 取締役報酬

取締役の報酬について、商法は以下のように規定しているのみで、詳細な定めは全くなされていなかった。

> 第269条　取締役ガ受クベキ報酬ハ定款ニ其ノ額ヲ定メザリシトキハ株主総会ノ決議ヲ以テ之ヲ定ム

これは、本来取締役報酬は経費の使途の一種であるから業務執行として取締役（会）が決定することができる性質であったが、取締役（会）がお手盛りで報酬額を定めると会社財産が取締役により無用に削られてしまうおそれがあるので、株主総会に権限を移してその限界を定めておくことにより、エージェンシー問題のリスクを限定することを目的としていた。

しかし、その株主総会決議の内容は、判例で認められたこともあり、取締役全員の総額の上限を決議すればよく、取締役間での分配額は株主総会では定められず取締役会に一任され、ほとんどの取締役会では取締役である会長又は社長という経営トップの裁量に再委任する決議がされていた。そのため、報酬総額という面では株主のリスクは限界が設けられていたが、取締役の行動を律することにはつながらず、エージェンシー問題の解決手段としては十分機能していなかった。

もっとも、昭和の年代は、波はあれども日本が経済成長を続けてきた時期でもあり、多くの会社では特別な経営をせずとも業績を向上させ、株主

に株価の上昇と最低限度の配当という利益を還元できていたため、エージェンシー問題は基本的には生じなかった。

② 役員賞与

　一方、役員賞与については利益処分の一種とされたことから、株主総会決議が必要とされ、かつ、配当可能利益が計上されない限り支給できない仕組みとなっていた。無論、多額の利益を計上できれば賞与額も多めにできたが、利益が少額の場合、賞与は少額か、場合によっては議案として上程できないことが現実であった。つまり、利益が多額であれば賞与も多額となり、利益を計上しない限り役員は賞与を受領できない仕組みとなっており、その意味ではエージェンシー問題は起きていないともいえた。

　もっとも、役員賞与は役員報酬と比較すると少額であり、エージェンシー問題に与える影響は大きくなかった。

《利益処分案》

当期未処分利益	4,824,361,284円
特別償却準備金取崩額	6,923,854円
計	4,831,285,138円
これを以下のとおり処分します。	
株主配当金	1,449,385,000円
取締役賞与金	96,625,000円
監査役賞与金	15,000,000円
特別償却準備金	7,000,000円
別途積立金	3,000,000,000円
次期繰越利益	263,275,138円

③ 監査役報酬

　監査役の報酬については、取締役と概ね同様の規定ぶりであり、株主総会にて上限額が定められた。

> 第279条　監査役ノ報酬ハ定款ニ其ノ額ヲ定メザリシトキハ株主総会ノ決
> 　　　議ヲ以テ之ヲ定ム
> 2　監査役数人アル場合ニ於テ各監査役ノ受クベキ報酬ノ額ニ付定款ノ定
> 　　又ハ総会ノ決議ナキトキハ其ノ額ハ前項ノ報酬ノ範囲内ニ於テ監査役ノ
> 　　協議ヲ以テ之ヲ定ム

　そして、個別の報酬額は、監査役の協議、すなわち監査役全員の一致により定められるとされた。ただし、その趣旨は、監査役報酬も業務執行として取締役（会）が決定すると、監査される取締役が報酬を通じて監査役をコントロールしてしまうことになることから、これを避けるために株主総会決議を必要としたのである。

　もっとも、実務上、監査役の報酬金額は、取締役会や経営トップが定めた額に決められ、株主総会決議で定めた上限額よりも少ないことが通常であり、監査役がこれに異を唱えることはほとんどなかった。仮に、監査役全員が合意した金額が経営トップ等の決めた金額を超過しても、「予算がない」と拒絶される等、まず、法律の建前どおりに運用されることはなかった。

　つまり、エージェンシー問題でいえば、会社経営の仕組みの中で経営者が常勤監査役をコントロール下に置いていたため、経営側が実効性のない「ボンディング」で出資者等に保障を与えていたことがわかる。

2 平成13〜14年改正

① ストック・オプションの法制化

　業績連動報酬については、役員賞与がこの機能を果たしていたが、旧来は利益処分の一環とされ、報酬とは異なるかのような取扱いがなされていた。

　また、米国等のストック・オプションが紹介されて日本にも導入する気運が高まってきた。この時代のストック・オプションは、オプション自体は会社から無償で与えられるが、株価が上昇した際に、予め定められた金額(通常は新株引受権の発行時の株式の時価)を払い込んで株式を取得し、これを市場で売却することで得られるキャピタルゲインを報酬とする、いわゆる「時価発行型」ストック・オプションであった。

　新株引受権は、商法上は単独では発行できなかったが、新株引受権付社債は発行できたことから、これを発行後に新株引受権と社債に分離し、社債(俗に「ポンカス」と呼ばれていた)部分は社債としてそのまま残し、新株引受権をストック・オプションとして取締役に付与していた。

　しかし、こうした技巧的な取扱いは、法改正によって解消された。平成9年(1997年)の議員立法を経て平成13年(2001年)の商法改正において新株予約権制度に一本化されたことに伴い、法制度が整備されることになった。

② 取締役報酬の類型化

　平成14年(2002年)改正では、米国型の企業統治体系として委員会等設置会社(現在の指名委員会等設置会社)が新設され、株主総会決議がなくとも報酬委員会の決議により、役員報酬を決定することが認められるようになった。

　また、ストック・オプション制度が上場会社についても導入され、新株

予約権として整理されるようになり、業績連動報酬が正面から認められるようになった。

そこで、委員会等設置会社制度の導入とともに、委員会等設置会社以外の株式会社においても以下のように規定し、固定報酬、業績連動報酬、非金銭報酬の3類型が正式に認められるようになった。

第269条　取締役ガ受クベキ報酬ニ付テノ左ニ掲グル事項ハ定款ニ之ヲ定メザリシトキハ株主総会ノ決議ヲ以テ之ヲ定ム

一　報酬中額ガ確定シタルモノニ付テハ其ノ額

二　報酬中額ガ確定セザルモノニ付テハ其ノ具体的ナル算定ノ方法

三　報酬中金銭ニ非ザルモノニ付テハ其ノ具体的ナル内容

2　株主総会ニ前項第二号又ハ第三号ニ規定スル報酬ノ新設又ハ改定ニ関スル議案ヲ提出シタル取締役ハ其ノ株主総会ニ於テ其ノ報酬ヲ相当トスル理由ヲ開示スルコトヲ要ス

---

③ 非金銭報酬

このように、業績連動報酬が日本にも紹介されるようになり、また、従前は明確にされていなかった、住宅や保険等の非金銭報酬についても株主総会決議を求めるべく、法改正がなされた。

もっとも、ストック・オプションもまた、新株予約権として付与され、株式を経て金銭に換価されることから、非金銭報酬としての性質も有していると、この頃から解されていた。

3　会社法制定

会社法が制定され、平成18年（2006年）に施行された。会社法では、監査役会設置会社の役員報酬について以下のように規定していた。

第361条　取締役の報酬、賞与その他の職務執行の対価として株式会社から受ける財産上の利益 (以下この章において「報酬等」という。) についての次に掲げる事項は、定款に当該事項を定めていないときは、株主総会の決議によって定める。

一　報酬等のうち額が確定しているものについては、その額

二　報酬等のうち額が確定していないものについては、その具体的な算定方法

三　報酬等のうち金銭でないものについては、その具体的な内容

　この内容は、平成14年 (2002年) 改正時の旧商法の条項から変わっていなかった。

　しかし、役員賞与の取扱いについては、会社法施行直前に、会計上は発生した期間の費用として処理すること (企業会計基準委員会「企業会計基準 第4号役員賞与に関する会計基準」2005年11月29日) とされ、利益処分ではなく報酬の一種とされることになった。

　こうして、会社法制定直後は、固定報酬、役員賞与、ストック・オプションが日本の上場会社の役員報酬として定着するようになった。もっとも、この頃、日本の上場会社の役員退職慰労金は、退職時の固定報酬と就任年数によって金額が決まるため、業績との関連性が不明確であるという理由から機関投資家等の不評を買っていた。そのため、役員退職慰労金制度を廃止する会社が増え、その代わりに、退職時に1株あたり1円の払込額で新株を取得することができる、いわゆる「1円ストック・オプション」が普及するようになった。

　この制度は、退職金の代わりに退職時に行使が求められる新株予約権を在任中に役員に支給し、役員は退任時に1株あたり1円を払い込んで退職金代わりに自社株式をほぼ無償で取得することができた。もっとも、インサイダー取引とならないよう、1年間経過後に株式を売却するか、1

年以内にインサイダー取引に該当しないよう売却する工夫が求められる等、現金化は容易ではなかった。

4　会社法上の役員報酬開示

(1)　株主総会議案(株主総会参考書類)に関する開示

　商法時代は、商法特例法(株式会社の監査等に関する商法の特例に関する法律、現在は廃止)において、「議決権の行使について参考となるべき事項(旧商特21の2)」の様式は、参考書類規則(大会社の株主総会の招集通知に添付すべき参考書類等に関する規則、現在は廃止)に定められていたとおり、大会社のみ参考書類の作成義務があった。そして、役員報酬については、報酬額の算定の基準又は改定の理由を記載し、金額が総額の場合は役員の人数を記載しなければならないとされていた。更に、退職慰労金については、役員の略歴の記載及び支給基準の開示が定められていた。

　会社法制定時には、株主総会参考書類の記載事項について会社法施行規則に定められることになったが、取締役報酬(会施規82)については、固定報酬・業績連動報酬・非金銭報酬の算定基準、変更理由、総額決議の場合の取締役の人数、退職慰労金支給議案に関する略歴の記載方法と支給基準の開示、社外取締役と区分した開示が記載事項となり、監査役(会施規84)の報酬については、固定報酬の算定基準、変更理由、総額決議の場合の監査役の人数、退職慰労金支給議案に関する略歴の記載方法と支給基準の開示について規定されることになった。

(2)　事業報告(営業報告書)に関する開示

　商法時代の株主に対する報告事項としては、役員報酬は、基本的には営業報告書上の記載事項とされておらず、附属明細書において取締役に支

払った報酬の額及び監査役に支払った報酬の額が記載事項とされていた。

　会社法が施行された後は、会社役員ごとの報酬総額の区分開示、社外役員に関する独立した開示等が規定されていた。

③ 会社法上の開示の程度

　会社法制定時は、会社法上の役員報酬に関する開示によるガバナンスの適正化や株主への説明の必要性については、現在ほど重視されていなかったことから、現在の開示事項と比較すると見劣りする。それでも、会社法施行直後は、こうした役員報酬開示について抵抗感がある役員が少なくなかったとのことである。

5　令和元年会社法改正

　そして、令和元年(2019年)に会社法が改正され、令和3年(2021年) 3月1日に施行された。この改正においては、固定報酬、業績連動報酬、非金銭報酬という3類型から、株式報酬と新株予約権報酬が独立し規定されるようになった。

　条文は相当長くなったので省略するが、改正直前の頃、譲渡制限付株式報酬(Restricted Stock)、業績連動型株式報酬(Performance Share)について日本でも導入が可能であるとの法解釈が示され、コーポレート・ガバナンス対応の先端企業が導入するようになってきたが、法的な安定性を欠くという問題があった。そこで、令和元年(2019年)の法改正により、法的安定性を確保し、また、株式や新株予約権の発行に伴う各種の会計上の処理が明確化された。

　このように、会社法は数次の改正を経て、役員報酬の選択肢を広げてきた。それは、結局のところ、エージェンシー問題を解決する手法のひとつとして、役員報酬制度が次第に重視されるようになってきたということである。

ストック・オプションと株主総会決議

　商法時代、ストック・オプションは、最初は法律上明確に規定されていませんでした。そのため、新株引受権付社債を発行後、社債部分（ポンカス債と呼ばれていました）と分離し、新株引受権のみを取締役や従業員に付与していました。このときは、新株引受権付社債の発行のため、有利発行でなければ取締役会決議で発行が可能でした。

　日本の会社法（商法）で、ストック・オプションが明確に認められたのは、平成9年（1997年）の商法改正（議員立法）でした。このときは、自己株式方式と新株引受権方式があり、どちらも株主総会決議が必要とされ、上場会社の場合、前者は過半数の普通決議、後者は3分の2以上の特別決議が必要でした。

　その後、平成13年（2001年）改正により新株予約権型に一本化されましたが、株主総会決議が必要との考え方が一般的で、使い勝手が悪いという評価もありました。そこで、会社法制定とともに、ストック・オプションについては、一度役員報酬として大枠について株主総会決議を取れば、その後は取締役会決議で決議すればよい、という解釈が定着し、令和元年（2019年）改正で開示内容が整理されました。

　ストック・オプションの変遷には、色々な考え方が反映されているようです。

金融商品取引法の改正経緯と役員報酬

1 金融商品取引法と役員報酬の関連

金融商品取引法（証券取引法）における役員報酬との関わりは、同法上の開示規制の内容として、有価証券報告書や有価証券届出書における役員報酬に関する記載事項を、次第に充実させてきたことにある。

こうした充実化は「企業内容等の開示に関する内閣府令（開示府令）」の改正により行われてきた。開示府令は、会社法施行規則や会社計算規則と異なり頻繁に改正が行われてきた。

こうした経緯の下、上場会社制度における開示事項の充実という要請もあり、また、コーポレート・ガバナンスにおいて役員報酬が重視されるようになるにつれて、次第に会社法施行規則以上の開示事項が規定されるようになった。

このうち、重要度の高い改正について解説する。

2 平成22年3月開示府令改正

平成22年（2010年）3月の改正においては、有価証券報告書等の「コーポレート・ガバナンスの状況」等の記載の充実が求められるようになり、そのうち役員報酬については、以下の内容等が記載事項とされた。

（ア）役員（報酬等の額が1億円以上である者に限ることができる）ごとの報酬等の種類別（金銭報酬、ストック・オプション、賞与、退職慰労金等）の額

（イ）役員の役職ごとの報酬等の種類別の額

（ウ）報酬等の額又はその算定方法に係る決定方針の内容及び決定方法

このうち、（ア）の報酬等の額（連結ベース）が1億円以上の役員については個別開示が義務付けられたことが、社会的には最も影響が大きかった。この個別開示規制は、退職慰労金も含めて1億円以上か否かを決めることから、退職慰労金が1億円以上となる役員について開示対象となることが多かった。

　この開示事項については、投資家の投資判断に資するかどうかというよりも、新聞の経済欄や社会面に、1億円以上の報酬を得ている上場会社役員の一覧が記載される等、本来の目的と異なる取り上げ方をされ、現在もこうした報道は継続している。

　一方、こうして新聞に掲載されることもあって開示を避ける役員も少なくなく、役員報酬額が1億円以上とならないように抑えたり、無償でフリンジ・ベネフィット（自社施設の入場券等）の交付を受けて、これを役員報酬総額に合算しないこと（有価証券報告書に正確に記載していないとされる可能性もある）で報酬規制を回避しようとしたりする等の対応をする役員がいるという話も聞かれるようになった。

　この他に、（イ）として、会社法上の開示事項に上乗せする形で、役員の役職ごとの報酬等の種類別の額が開示事項とされ、更に（ウ）として報酬額ではなく報酬等の額又はその算定方法に係る決定方針の内容及び決定方法等の開示が義務付けられた。

　このうち、額又はその算定方法に係る決定方針の内容及び決定方法等については、コーポレート・ガバナンスに関する会社や役員の意識が開示事項の詳細さにも反映されるようになり、コーポレート・ガバナンスの仕組みを充実させている上場会社は開示が丁寧になり、逆に充実していない上場会社は、開示が形式的だったり開示量が少なかったりする傾向にあった。

3 平成31年開示府令改正

　平成31年(2019年)の改正では、役員ごとの個別開示については大きな変更はないものの、役員報酬についての記載が、「コーポレート・ガバナンスの状況等」の中の一項目として、「(4)役員の報酬等」と見出しをつけて独立した形で扱われた。また、報酬額等の決定方針、業績連動報酬、役員の報酬等に関する株主総会の決議、報酬委員会等の活動内容等に関する開示項目が拡充されている。

第4節 有価証券上場規程とCGコード

■1 CGコードの制定・改訂

(1) 制定・改訂の経緯

日本の政策上、「『日本再興戦略』改訂2014－未来への挑戦－」(2014年6月24日閣議決定)において、「持続的成長に向けた企業の自律的な取組」を促すことが決定された。そこで、東京証券取引所が、先進諸国において定められている「コーポレートガバナンス・コード(以下「CGコード」という)」を新たに日本でも定めることとされた。

そして、金融庁における有識者会議を経て原案が策定され、パブリック・コメントを経て、東京証券取引所が2004年に策定した「上場会社コーポレート・ガバナンス原則」が発展的に解消され、CGコードが制定され、2015年6月から施行された。

その後、2018年6月、更に2021年6月に改訂され現在に至っている。

(2) 法的な位置付け

CGコードは、一般に「ソフト・ロー」といわれている。

実際、東京証券取引所が定める有価証券上場規程(上場会社は、東京証券取引所との間で締結される上場契約において遵守することを承諾している)において以下のように規定されているが、その条文上の位置付けは、有価証券上場規程「第4章 上場管理／第4節 企業行動規範」のうち「第1款 遵守すべき事項」ではなく「第2款 望まれる事項」に含まれている。

第445条の3（コーポレートガバナンス・コードの尊重）

　上場会社は、別添「コーポレートガバナンス・コード」の趣旨・精神を尊重してコーポレート・ガバナンスの充実に取り組むよう努めるものとする。

　すなわち、CGコード自体は、遵守する義務はなく、遵守が「望まれる」ものであって、契約上の遵守事項ではないことが明確にされている。その意味では「ソフト・ロー」といえる。

　しかし、CGコード自体には遵守義務がないとはいえ、有価証券上場規程上は、企業行動規範のうち遵守すべき事項として、CGコードへの対応に関する開示義務を挙げている。

第436条の3（コーポレートガバナンス・コードを実施するか、実施しない場合の理由の説明）

　上場内国会社は、別添「コーポレートガバナンス・コード」の各原則を実施するか、実施しない場合にはその理由を第419条に規定する報告書において説明するものとする。この場合において、「実施するか、実施しない場合にはその理由を説明する」ことが必要となる各原則の範囲については、次の各号に掲げる上場内国会社の区分に従い、当該各号に定めるところによる。

（1）　スタンダード市場及びプライム市場の上場内国会社

　基本原則・原則・補充原則

（2）　グロース市場の上場内国会社

　基本原則

　すなわち、コーポレート・ガバナンスに関する報告書（以下「CG報告書」という）（有規419）への記載事項を除き、実施する場合には開示義務はないが、実施しない場合にはその理由をCG報告書に記載しなければならず（有規

436の3）、これに違反した場合には、実効性確保措置として、改善報告書等の提出（有規504）や上場契約違約金（有規509）といったペナルティを受けることになる。これが「コンプライ or エクスプレイン」である。

このように、CGコード自体はソフト・ローであるが、開示についてはCG報告書への記載義務というハード・ローとされており、その組み合わせにより、CGコードを通じた上場会社と投資家の建設的な対話の実効性を確保するよう、工夫されている。

③ 役員報酬に関連する原則

【原則4－2　取締役会の役割・責務（2）】
　取締役会は、経営陣幹部による適切なリスクテイクを支える環境整備を行うことを主要な役割・責務の一つと捉え、経営陣からの健全な企業家精神に基づく提案を歓迎しつつ、説明責任の確保に向けて、そうした提案について独立した客観的な立場において多角的かつ十分な検討を行うとともに、承認した提案が実行される際には、経営陣幹部の迅速・果断な意思決定を支援すべきである。
　<u>また、経営陣の報酬については、中長期的な会社の業績や潜在的リスクを反映させ、健全な企業家精神の発揮に資するようなインセンティブ付けを行うべきである</u>（下線筆者）。

まず、原則において、経営陣への報酬についてインセンティブ付けを行うことが記述されている。そして、その要素として会社業績と潜在的リスクを反映させることを求め、また、仕組みとして健全な企業家精神の発揮に資するものを求めている。

補充原則

4-2① 取締役会は、経営陣の報酬が持続的な成長に向けた健全なインセンティブとして機能するよう、客観性・透明性ある手続に従い、報酬制度を設計し、具体的な報酬額を決定すべきである。その際、中長期的な業績と連動する報酬の割合や、現金報酬と自社株報酬との割合を適切に設定すべきである。

　更に、補充原則において、客観性・透明性ある手続を求め、内容については、中長期的な業績連動報酬や、現金・自社株報酬について適切な割合の設定を求めている。

【原則4-10　任意の仕組みの活用】

　上場会社は、会社法が定める会社の機関設計のうち会社の特性に応じて最も適切な形態を採用するに当たり、必要に応じて任意の仕組みを活用することにより、統治機能の更なる充実を図るべきである。

　ここでは、直接報酬には触れていないが、OECD諸国では標準的なスリー・コミッティー、すなわち、監査、指名、報酬委員会の設定を意図している。

補充原則

4-10① 上場会社が監査役会設置会社または監査等委員会設置会社であって、独立社外取締役が取締役会の過半数に達していない場合には、経営陣幹部・取締役の指名（後継者計画を含む）・報酬などに係る取締役会の機能の独立性・客観性と説明責任を強化するため、取締役会の下に独立社外取締役を主要な構成員とする独立した指名委員会・報酬委員会を設置することにより、指名や報酬などの特に重要な事項に関する検討に

当たり、ジェンダー等の多様性やスキルの観点を含め、これらの委員会の適切な関与・助言を得るべきである。

特に、プライム市場上場会社は、各委員会の構成員の過半数を独立社外取締役とすることを基本とし、その委員会構成の独立性に関する考え方・権限・役割等を開示すべきである。

原則を受け、機関設計として、指名委員会等設置会社以外の会社について、法定ではない報酬委員会を設置することを明示的に求めるとともに、プライム市場上場会社については過半数を独立社外取締役とすることも要求している。また、株主や投資家への重要な情報であることを意識して、これらに関する開示も明確に求めている。

これらの定めは、若干の改訂を経て、報酬委員会の設置の明確化やプライム市場における独立社外取締役過半数要件等、記述されるコーポレート・ガバナンスの水準が上昇してきていることが特徴である。

■ 2 「投資家と企業の対話ガイドライン」の制定

CG コードは、上場会社を対象とした行動規範だが、機関投資家に対してはスチュワードシップ・コードが策定されている。こちらも、一般に「ソフト・ロー」といわれ、「コンプライ or エクスプレイン」を基本姿勢としている。

しかし、CG コードは、元来上場会社を拘束するものではなく、投資家との対話のツールであることが目的とされていることから、その補助的なガイドラインとして、「投資家と企業の対話ガイドライン」が2018年に策定され、2021年に改訂されている。

このガイドラインは、企業と機関投資家の建設的な対話を一層実効的なものとするために作成・改訂されている。その内容として、経営環境の変化に対応した経営判断、投資戦略・財務管理の方針、CEO の選解任・取

締役会の機能発揮等、株主総会の在り方、政策保有株式、アセット・オーナー、株主と企業の対話の充実が取り上げられ、役員報酬については、「CEO の選解任・取締役会の機能発揮等」の項目中に以下のように記述されている。

【経営陣の報酬決定】

3-5 経営陣の報酬制度を、持続的な成長と中長期的な企業価値の向上に向けた健全なインセンティブとして機能するよう設計し、適切に具体的な報酬額を決定するための客観性・透明性ある手続が確立されているか。こうした手続を実効的なものとするために、独立した報酬委員会が必要な権限を備え、活用されているか。また、報酬制度や具体的な報酬額の適切性が、分かりやすく説明されているか。

第1章

役員報酬の要点

　役員報酬の仕組みは、報酬金額の変動の有無により固定報酬と業績連動報酬、支給するものにより金銭報酬と株式報酬に大別できる。また、業績連動報酬の中でも、業績を判定する期間によって短期業績連動報酬(STI)と長期業績連動報酬(LTI)に分かれる。

　役員報酬を設計するにあたっては、こうした様々な報酬の手法を正確に理解することが欠かせない。また、その報酬の手法の背後にある役員報酬の機能や役員のインセンティブについても把握することが大切である。

第1節 役員報酬の意義と機能

1 業績連動報酬の重要性

① 取締役のインセンティブ

業務執行取締役の職務を簡単にいえば、会社経営の専門家として、株主からの委任を受けて、業務を執行して会社の価値を上げ、利益を計上して株主に配当することである。では、その取締役はどのような動機で業務を執行するのであろうか。また、どのような環境が整備されれば、より業務執行に注力するのであろうか。これが、業務執行取締役のインセンティブの問題である。

特に、上場会社については、CGコードにおいて「健全な企業家精神の発揮に資するようなインセンティブ付けを行うべきである」とあることから、インセンティブの内容についても整理しておく必要がある。

(1) 精神的インセンティブと経済的インセンティブ

業務執行取締役のインセンティブについては、出世と関連する要素が大きい。すなわち、取締役に就任したり業務執行取締役の中の序列が上昇したりすることで、社内で出世したこと自体や、それに伴う権限の拡大、交際費その他の経費に関する上限額の上昇、部下や家族や取引先からの賞賛等、また対外活動における丁重な対応等、精神的満足度を高める要素がインセンティブになっていることは確かである。

しかし、それ以上に、金銭その他の経済的満足度を高めること、すなわち業務執行により取締役が得られる経済的利益の多寡もまた、取締役の重要なインセンティブとなっている。

（2）　インセンティブと任意の委員会

　近時は、株主や機関投資家が、取締役のインセンティブの仕組みを合理化することによる会社の価値の向上とこれに伴う株価や配当額の上昇を求めるようになった。現代の機関投資家や株主の多くは、実質的には経営トップ等が指名及び報酬について決めるという旧来の仕組みについては、取締役会による業務執行者、特に経営トップに対する監視・監督が機能しなくなることを理由として、賛同しないようになってきた。そして、出世やこれに伴う精神的メリット等については人事(指名)委員会、金銭等経済的メリットに関するインセンティブについては報酬委員会を設置し、こうした任意の委員会等によりインセンティブをコントロールすることを会社に求めるようになった。

　これに監査というチェック機能を加えて、スリー・コミッティー（指名、報酬、監査の各委員会）という、先進諸国がスタンダードと考える企業統治形態に結びつくのである。

② 持続的な成長に向けたインセンティブ

　近時の上場会社は、持続的な成長が求められている。

　その背景には、機関投資家等の株主のアセット・オーナーの中で、年金・保険等の公的資産の運用者が重要な位置を占めていることがある。年金資産は、若年の頃から積み立てた資金を老後に年金として支給するために組成されていることから、積み立てはじめから支給までの期間が長期間となっている。そのため、年金の積み立てを行っている者は、年金受給までの長期間積立金を引き出さない代わりに、長期的に安定かつ成長する資産運用を求めることになる。すると、それに伴い、当該資産運用の委託を受けた機関投資家の資産の運用方針は長期投資が基本となる。

　こうしたことから、長期投資も行う機関投資家が上場会社の業務執行取締役に求めるインセンティブにおいては、「持続的な成長」に向けた健全な

インセンティブという要素も大切になる。

③ 健全なインセンティブ

　上場会社における業務執行取締役の健全なインセンティブとは、上場会社の持続的な成長につながるインセンティブということになる。換言すれば、上場会社と業務執行取締役の利害が一致するものが健全なインセンティブといえる。では、どのようなインセンティブが健全なのだろうか。

「健全なインセンティブ」とは？
- ● 「プラス」のインセンティブ
  - ・報　酬
  - ・名　誉
- ● 「マイナス」のインセンティブ
  - ・辞任・解任
  - ・名誉や信頼の喪失
  - ・会社等に対する損害賠償責任

（1）　「プラス」のインセンティブ

　まず、プラス方向について考えてみる。

　業務執行取締役として会社経営に携わっている場合、どのようなインセンティブがあれば、より職務執行に邁進するかということを分析すると、最終的には報酬と名誉の獲得に収斂（しゅうれん）することになる。平易な(身も蓋もない)言い方をすれば、物的な欲求の満足と精神的な欲求の満足となる。

　もっとも、報酬と名誉を求めること自体は、会社の利益や持続的成長とつながる限り健全な欲求であり、これを否定する理由はないと思われる。

（2）　「マイナス」のインセンティブ

逆に、業務執行取締役として、失ってはならないものを失わないようにする、という「マイナス」のインセンティブもある。

◆ 辞任・解任

辞任・解任といった形で、業務執行取締役の地位を、自主的に、不可避的に、あるいは強制的に失うことを、業務執行取締役としては回避したいというインセンティブが働くことになる。この欲求は、会社の利益と合致することから、会社から見れば健全な欲求、すなわち会社と業務執行取締役の利害が合致している欲求といえる。

◆ 名誉や信頼の喪失

地位を失わなくとも、名誉や信頼を喪失することになれば、今後の社会生活やビジネスにおける有利な立場を失うことになることから、これも回避したいという欲求はある。この欲求もまた、業務執行取締役の名誉や信頼が失われることは、会社の不利益につながることから、業務執行取締役と会社の利害が合致した健全な欲求である。

◆ 会社等に対する損害賠償責任

第三者や会社からの損害賠償請求、また株主代表訴訟による損害賠償請求を回避したいという欲求もあるだろう。第三者からの損害賠償請求を受けたくないという欲求は、会社の利害と一致している健全な欲求といえる。会社からの損害賠償請求と株主代表訴訟については、実際の賠償請求の場面では、損害賠償請求をされた業務執行取締役は賠償金を支払う立場であり、会社は受け取る立場であるから利害相反が明らかであるといえる。しかし、損害賠償請求で争われる前の段階、つまり、第三者や会社から損害賠償請求を受けたくない、裁判になりたくないという欲求が、損害賠償請求を受けないような適法・適切な行動を選択するということにつながる限り、健全な行動を選択するインセンティブであり、会社と利害が共通していることになる。

④ 不健全なインセンティブ

　逆に、不健全なインセンティブ、すなわち上場会社と業務執行取締役の利害が一致しないインセンティブにはどのようなものがあるか。

> 「不健全なインセンティブ」とは？
> 役員が楽をしたければ……
> ・大過なく任期を過ごせばよい
> ・新規事業で失敗をするリスクは取れない
> ・自分は会社を大きくする器ではない
> ・先代から引き継いだ会社をそのまま先代の子どもに引き継げばよい

　基本的には、業務執行を行うと、労力や時間、知識、経験等、業務執行取締役自身が持っている資源やスキルを十分投入しなければならず、その負担が大きく、心身ともに疲労やストレスが蓄積することになる。また、業務執行に失敗すれば、地位、名誉、報酬を失うということになるというマイナスの結果もある。

　すると、不健全なインセンティブとは、業務執行取締役の選択が、会社の利害と一致しなくなることと考えられる。平たくいえば、役員が楽をしてリスクを取らない結果、会社が大きく成長しないことが最も典型的な場面ということになる。

　取引社会においては、リスクを冒さなければ利益を得ることは原則として不可能であることから、一定のリスクを取らなければならない。しかし、業務執行取締役がマイナスの結果を意識し過ぎてリスクを取らないと、会社が利益を獲得する機会を失うこととなるため、会社と業務執行取締役の利害が反することになる。

　まとめると、「不健全なインセンティブ」とは、上場会社の利害と反するインセンティブであり、経営陣において、会社経営でリスクを取りたくな

い、取るリスクを最小限にすれば会社のメリットは小さいものの自らに報酬や名誉のプラスは「ある程度」確保できてマイナスを回避できる、という複合的なインセンティブとなる。更に簡潔にまとめると、「楽をしてリスクを取らずに報酬と名誉がほしい」ということである。

　不健全なインセンティブの傾向は、各上場会社の事業や規模によって様々であり、一律に具体的な内容を示せるものではないが、ゲームソフトウェア業界や製薬業界を例に取ると、以下のとおりとなる。

（1）　大過なく任期を過ごせばよい

　リスクを取らずに在任期間中自らのマイナス事項が発生しないような業務執行を行うことである。例えば、特別なことをせずに過去に確立された業務の追認あるいは軽微な変更を行う等、誰でもできる業務執行しか行わないという状態に陥ることになる。

　すると、上場会社としては、経済社会の変化や進化に追従できずに、じり貧となって利益が減少する結果につながりかねない。これは、アスリートが、疲れることを理由としてトレーニングを行わなくなる結果、筋力が衰えてパフォーマンスが落ちることと類似している。

［ゲームソフトウェア開発の場合］

　ゲーム開発業者について考えると、ヒットしたゲームをそのまま販売するだけであれば、消費者がゲームに飽きると売上や利益が次第に減少して行くことになる。つまり、ゲーム会社としては、既存のゲームに機能を追加したり、シリーズ化して新しくゲームのストーリーやルール・システム等の消費者が飽きない手段を導入したりする等、リスクを取り継続的な投資を行って利益を追求しなければならないはずである。

　また、一度ゲームを開発して終わりではなく、他のメディアとのコラボレーションによるユーザーの拡大やイベント化によるユーザー数の拡張等、重ねて様々な投資を行い、更に利益を拡大し続けなければならないは

ずである。

　しかし、こうした投資を行って損失を計上してしまえば自らの地位や名誉が失われ、また、任期途中で辞任することになれば約束された報酬を失うことになる。したがって、「何もしない」という選択をする業務執行取締役がいても不思議ではない。

　そうすると、会社としては、結果的に損失は出ないものの、成功すれば得られる収益を逸してしまうことになる。これでは、取締役の地位や名誉を失いたくないという健全な動機が、何もしないという選択に結びつくことになり、「不健全なインセンティブ」となってしまうのである。

（2）　新規事業で失敗をするリスクは取れない

　新規事業は必ずしも成功するとは限らない。一方、前述したゲームの機能開発やシリーズ化といった、成功した実績を利用したビジネス展開については、失敗が少ないかもしれない。こうした中、リスクを取って新規の事業に参入することは、経営陣としては勇気や度胸が必要であろう。

［ゲームソフトウェア開発の場合］

　新規のゲーム開発を例に取る。新しいストーリーを開発し、新しいルールやシステムを考案してゲームの全体像を制作する。その際、オリジナルストーリーのリスクが高いと判断すれば、既に人気のある映画や漫画等の別のメディアから素材の提供を有償で受けることもある。そして、ソフトウェアを開発し、市場に提供することになる。

　しかし、こうしたゲームは、ルールやシステムがユーザーに受け入れられるかどうか、ストーリーについて人気が出るかどうか、という内容面に加えて、ルールやシステムについてプログラミングができるかどうか、というソフトウェア開発の面も重要な要素となり、これについても投資を行うことになる。そして、投資を行っても売上や利益が確実に計上できる保障はなく、成功すれば利益を計上できるが、失敗すれば損失が生じるリス

クが常につきまとい、損失が発生した場合、開発を承認した業務執行取締役は責任を追及されることになる。

　この責任を取りたくないと考える業務執行取締役であれば、新規事業に反対することが考えられ、「不健全なインセンティブ」が発動された、ということになる。

［新薬開発の場合］

　製薬事業を例に取ると、新薬の開発、特に従前参入していないジャンルに新規参加して新薬を開発することが考えられる。

　新薬の製造では、特定のニーズに対して化合物が次々と開発・検証されていくことから、有効な成分となる可能性のある化合物について、新たに発見されるものが徐々に減っていくことになる。そのため、新薬の開発は時間が経てば経つほど難しくなってくる。そこで、有効な治療方法が見つかっていない病気や症状に対処するための領域に新たに参入することになる。

　しかし、新薬の開発には膨大な研究に加え、薬効があるかどうかを確かめる治験の手続が長期間にわたって行われ、結果的には有効性が認められないものも多い。そして、治験を通過して市場に投入されたとしても、原材料から製品を製造するための新規投資が必要である。こうした投資をしても、いざ薬価に見合った収益を計上できないと、当該薬品への投資だけでなく、他の薬品、特に開発を断念した多数の薬品に対する投資の回収が覚束ず、結局、リスクを上回るメリットが得られずに失敗となる。

［ゲームと新薬の異同］

　ただし、新薬開発の場合、ゲームソフトウェア開発と若干異同がある。

　共通点としては、例えば、長期間同一商品が同一価格で販売できることはなく、ゲームでは市場価格が下がるため続編を販売してその価格を値上げする等の対応を行う必要がある。一方、新薬は薬価の引き下げが行われ

ることになるため、薬効の追加等により同一薬品の価値を付加することになる。

　一方、異なる点としては、開発期間の長短がある。ゲーム開発の場合は、内容のボリュームにもよるが、数年間の開発期間で完成することが通常であり、開発を手がけた取締役の在任期間中に完成して結果が見られることも少なくない。しかし、新薬の場合は、効果的な化合物の探索に何年もかかり、発見しても何段階にも分けられた治験を行い、通過したとしても製造ラインの整備等を行う等、開発作業着手から市場投入までに10年程度かかるケースも多いことから、新薬の開発をスタートさせた取締役と成功した時の取締役が異なることは珍しくはない。

　こうしたことを考えると、ゲーム会社の場合は、新規開発へのインセンティブとリスクを冒したくないという行動の結果が取締役自身に跳ね返ってくることも少なくないが、新薬開発の場合は、新規開発に取り組んでも在任中には結果が出ない可能性が高く、この場合、後任の取締役が前任者を引き継いで新薬開発のリスクを負うことになる。

　すると、ゲーム開発の場合は、新規開発のリスクを恐れて着手しないという不健全な選択が起こりやすいが、新薬開発の場合は、在任期間との関係で、新薬開発の失敗に関する責任を追及されることがなく不健全なインセンティブは機能しにくいことになる。もっとも、新薬が成功することへのインセンティブもないことから、健全なインセンティブも働かないことになりかねない。

　以上のように、インセンティブの機能は、事業内容と業務執行取締役の関わり方によって大きな差が生じるものである。

（3）　自分は会社を大きくする器ではない

　こういった考え方は、創業者が亡くなって創業者の子ども等が会社経営に習熟するまでのリリーフとして就任した取締役が囚われる不健全なインセンティブである。

日本では謙譲が美徳のひとつとされ、創業者の子ども等が後継者として予定されている場合、その後継者よりも自らが優秀であると表明すると、会社を創業者から乗っ取る意思があると誤解される可能性があることから、自らが良い経営者と公言することは差し控えるであろうし、それが更に進んで、「自分は会社を大きくする器ではない」と「謙遜」して公言することもあり得る。

　しかし、投資家としては、会社を成長させる能力がない経営者は経営者としての能力に欠けるという宣言と解釈するであろうし、そのような会社には投資できない、と考えてもおかしくはない。また、自らの器が大きくないと自認すれば、新規投資や業務拡張等のリスクテイクを行うことにはつながらないことから、結局会社は社会の変化に対応できずにじり貧の経営状態となる。

　すなわち、一度業務執行取締役として、あるいは経営トップに就任した以上は、謙譲の精神やそれを表明することが美徳につながるとは限らないことを自覚しなければならない。そして、自らが器の大きさがどの程度であれ、会社の持続的な成長に努め、新規投資や業務拡張等のリスクテイクを行わなければならないのである。

　このように、業務執行取締役が「自分は会社を大きくする器ではない」と考えることは、不健全なインセンティブであり、また、表明することは投資家に対して自らが無能であることを自認するため、厳に避けるべき「不健全な考え方」である。そして、実際に会社を大きくする器でない（能力がない）ならば、業務執行取締役を引き受けてはならないはずである。

（4）　先代から引き継いだ会社をそのまま先代の子どもに引き継げばよい

　この考え方は、上記（3）と同様に、創業者が亡くなって創業者の子ども等が会社経営に習熟するまでのリリーフとして就任した業務執行取締役、とりわけ経営トップの取締役が囚われる不健全なインセンティブである。こうした取締役は、創業家への忠誠心を表明するために、上記のよう

な考え方や行動をとることが多い。

　しかし、上記（**3**）と同様、会社の経営において「そのまま」経営を続けることは、社会の変化とのギャップが次第に大きくなり、ビジネスが社会と乖離していく等、業績が次第に悪化していくことになる。このように、「そのまま引き継ぐ」ということ自体、「じり貧」となるのであって、当該取締役にとっては、反逆せずに後継者が育つまでの地位を安定化させたいという不健全なインセンティブとなり、会社の持続的成長に反するものとなる。

すると、会社は……
　　・じり貧
　　・時代に乗り遅れる
　　・投資家（株主）は無駄な投資となる
　　　→ インカムゲインもキャピタルゲインもなく、お金を寝かせるだけ

　結局、業務執行取締役が不健全なインセンティブに囚われることで、会社では、新規投資が行われなくなり、経営が次第に悪化する「じり貧」となり、また社会の変化に追従することができず「時代に乗り遅れる」こととなる。

　そうすると、株主や投資家にとっては、利益が期待できない会社への投資、つまりインカムゲインもキャピタルゲインもなく、「資金が寝る」状態の無駄な投資となってしまう。もちろん、創業家としては、株式を多く保有しており、その会社の価値が下落することになりかねないので、リリーフ登板する経営トップが、いわゆる「謙遜」した経営をしないよう、要求することになろう。

　このように、不健全なインセンティブは、会社にとっても有害であるし、株主や投資家にとっても迷惑なことである。

⑤ 健全なインセンティブにつながる報酬

　以上縷々述べてきたが、株主・投資家としては、最初にエージェントである取締役を選任するところには関与できる。しかし、選任後は手を離して業務執行を委任しなければならない。これに伴い、エージェントである取締役に対して報酬を支払うことが必要であるが、業務執行を始終監視・監督することはできず、また、潜在的にエージェントとの利益が相反するというエージェンシー問題が不可避となる。

　一応、監査をすることにより業務執行の監視をする仕組みは設けられているものの、基本的には「守り」となる。そこで、「攻め」の一環として、健全なインセンティブを刺激する方法が考えられる。

　株主・投資家としては、固定報酬のみの場合は、利益が出ようが損失が出ようが一定の支払いが必要となるために、エージェンシー問題に直面することになる。一方、報酬を支払いながらも、会社が一定の利益を獲得することができれば、その利益の一部を手数料として支払うことは、手持ちの資産が減少するわけではないことから抵抗感が薄い。また、利益が増えれば増えるほど、報酬を多く払っても確保できる利益が多くなる限り、報酬の増額を許容しやすい。

　そこで、業績連動報酬を導入することで、エージェンシー問題は薄まる。すなわち、会社が利益を計上した場合に利益の一部を報酬として支払えば株主・投資家の持ち出しはなく利益が増加する、また取締役も業績に連動した報酬であれば報酬が増加する、という構造となり、株主・投資家と取締役が同じ方向を向くことになる。すると、エージェンシー問題が顕在化するのは、「利益が計上できない場合」と「固定報酬」の場面に限定されることになる。

　そして、その限定の度合いは、固定報酬と業績連動報酬の比率によって異なることになる。また、利益が計上できない場合は株主・投資家が経費として支出する固定報酬を甘受することになるが、その代わりに、取締役

の不再任・解任に関する議決権を行使することになる。

2　役員報酬の機能

① 基本的機能

・採 用
・生活保障
・継続契約（リテンション・引き留め）
・モチベーション

（1）　採 用

　役員報酬の機能としては、まず、採用が挙げられる。役員を採用するに際して、無償で依頼をしても引き受けてもらえる可能性はほとんどない。仮に引き受け手がいたとしても、役員として能力があるかどうかは疑問である。唯一、既に一財産を成して悠々自適の生活を送っている者が引き受けるかもしれない。しかし、役員を無償で引き受ける場合、心理的な拘束力が弱いことから、無責任な職務執行のリスクがある。

　そして、採用に際しては、報酬を支払う約束をすることになる。その報酬の中身こそが本書のテーマであるが、採用のために報酬を支払う約束・契約が基本となる。金額面では、有能な者はより高額の報酬で採用をすることになるし、また、業績連動報酬により多額の報酬を得られる自信がある者が役員を引き受けることもある。

　いずれにせよ、採用に際しては、報酬を支払うことを約束するのが当然である。

（2）　生活保障

　会社の役員を引き受けると、社外役員を除き、役員としての業務執行が主たる収入源となるため、他の収入が期待できない限り、会社からの収入により生活を維持しなければならない。これが、生活保障という意味となる。

　無論、役員の生活水準が過分であれば報酬が少な過ぎると思われるかもしれないが、役員の採用に際しては、保障しなければならない生活水準がどれくらいかということも検討しなければならない。

（3）　継続契約（リテンション・引き留め）

　日本人の場合、一度会社の役員に就任した場合、健康上の理由等がない限り、法律上は任期満了まで、実質的には十分な稼働により会社の利益に貢献したり、経営不振に陥るまでは継続して在任したりしてくれることが多い。

　しかし、「引き抜き」「ヘッド・ハンティング」という言葉があり、これが職業として成立していることからわかるとおり、役員に就任しても、任期中に辞任したり、任期満了後に会社の希望にかかわらず再任を受けずに別の会社の役員に就任したりすることがある。これらは、不利な時期の辞任でない限り法的には特段問題はない。しかし、事業年度の途中で後継者の育成をしないまま他社に移籍されると、会社や残された役員としては、たまったものではない。そのため、役員が他社に行きたいという希望を持たないための、合理的かつ引き留めに説得力がある報酬が必要となる。逆にいえば、魅力的な報酬を支給しないと、他社に引き抜かれてしまうということである。

　このように、引き留め（リテンション）のために、役員報酬を活用することは必須である。

（4） モチベーション

　固定給だけの場合、基本的な職務や指示された職務以上の仕事をする気力が湧かないのは、自然なことである。会社員として給与を受け取る立場であれば、指示されたことを実行して、それが滞りなく行われれば、決められた勤務時間だけ職務に従事し、それ以降は残業として割り増しされた給与を受け取る、ということで会社、株主・投資家としては十分である。ただし、取締役はそうではない。業務執行取締役は株主から業務を委託された受任者であって、勤務時間という概念はなく、時間には縛られないものの会社の職務には縛られる立場にある。そして指示を受けて行動するのではなく、最終的な「営利」を目的とした具体的な目標を自ら設定し(経営計画)、その実現のために粉骨砕身努力をすることが取締役の職務である。

　すると、ただ毎月固定の報酬を受け取れるだけの立場であれば、緊張感もなく、業務を拡張したりイノベーションを起こしたりして利益を更に増加させようという気持ちにはなりにくい。

　そこで、取締役のモチベーションを上げるために、インセンティブ報酬を考えることになる。

② 二次的機能

- ・会社組織の活性化
- ・経営の迅速化（早期に利益を実現）
- ・規律ある行動（不正等による会社価値減少の防止）

（1） 会社組織の活性化

　会社組織が活性化するためのポイントは、その活性化によるメリットが役員等に還元されること、すなわち、会社のメリットと役員のメリットが共通化することにある。この共通化により、エージェンシー問題が薄まる

ということでもある。

そのためには、会社業績と役員個人の所得が連動すること、すなわち業績連動報酬を導入することがひとつの手段となる。

（2）　経営の迅速化

会社が利益を得ることを目的としても、同じ資産を使って1年間で1億円の利益を計上できる経営と、10年間で1億円の利益を計上できる経営とでは、どちらが優秀な経営かは明らかである。すなわち、利益を「迅速に」上げるという、時間の概念も忘れてはならない（ただし、目先の利益を追求するだけで長期的に収益が得られない会社構造にしてはならないこともまた、会社経営者としては求められることに注意を要する）。

すなわち、会社がスピーディーに利益を上げるためには、利益を早く計上することが経営者にとってメリットであるような仕組みを作らなければならない。そうすると、事業年度ごとに支払う業績連動報酬が最も適切であろう。

（3）　規律ある行動

逆に、経営者に規律ある経営を求めることも必要である。例えば、損失が見えるにもかかわらず無謀な経営をする場合、過度にリスクが高い事業に参入する、違法な経営をする、粉飾決算により多額の業績連動報酬を受け取る等々の問題のある経営も考えられるところである。ところが、退任してしまえば、経営者が退職慰労金を返還しないことも考えられ、実際、日本でも破綻金融機関の破綻原因を作った元経営者に対する退職慰労金等の返還が十分実現しなかった例がある。

そこで、不祥事等が発覚した場合には、退職慰労金の返還を求める制度や、既に支給した業績連動報酬の返還（クローバック）、また、支給される前の報酬を減額・不支給とする制度（マルス）等を導入することで、規律ある経営を求める機能を持たせることができる。

3 役員報酬に関する各国の構成割合

　WTW(ウイリス・タワーズワトソン)が行った「日米欧 CEO および社外取締役報酬比較」の2022年調査結果によれば、報酬総額において日本と米国では約8倍、日本と欧州各国では3〜4倍強の開きがある。

　ただし、その開きは年次インセンティブ(いわゆる賞与)と長期インセンティブ(株式報酬と中長期業績連動賞与)の金額によるものが大きく、日本の役員報酬の固定報酬部分の割合が大きいことと、米国の固定報酬部分の割合が少ないことが目につく。

　固定報酬部分について比較してみると、日本は7,400万円であるのに対して米国では1億4,100万円、ドイツでも2億800万円と2〜3倍の開きがあり、報酬全体の差額と比べると、固定報酬部分の差が小さくなっていることがわかる。

　こうした金額の違いから、役員報酬を設計する取締役の考え方や、株主・投資家の意向をどの程度聞き、どの程度反映しているかという各国の事業への姿勢が見えてくる。

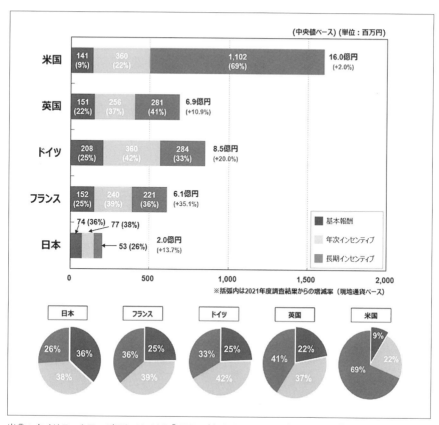

(中央値ベース) (単位：百万円)

	基本報酬	年次インセンティブ	長期インセンティブ	
米国	141 (9%)	360 (22%)	1,102 (69%)	16.0億円 (+2.0%)
英国	151 (22%)	256 (37%)	281 (41%)	6.9億円 (+10.9%)
ドイツ	208 (25%)	360 (42%)	284 (33%)	8.5億円 (+20.0%)
フランス	152 (25%)	240 (39%)	221 (36%)	6.1億円 (+35.1%)
日本	74 (36%)	77 (38%)	53 (26%)	2.0億円 (+13.7%)

※括弧内は2021年度調査結果からの増減率（現地通貨ベース）

日本 / フランス / ドイツ / 英国 / 米国

出典：ウイリス・タワーズワトソン HP「WTW（ウイリス・タワーズワトソン）、『日米欧 CEO および社外取締役報酬比較』2022年調査結果を発表」より

引き抜かれる悲しさ

　ある日本の一部上場会社が、国際的ビジネス展開等を企図して、外国人の取締役を選任して代表取締役社長に就任してもらいました。役員報酬は、他の役員の倍以上の金額で、過去の日本人社長の役員報酬の数倍という、先例を度外視した思い切った役員報酬額でした。

　しかし、その外国人社長は、外国の会社からのオファーがあったことから、当初予定していた取締役として活躍を期待された期間に満たないまま、定時株主総会で退任してしまいました。そのとき、転籍先が外国人社長に提示した役員報酬額は、日本の上場会社の報酬の何倍もの金額でした。

　外国の役員報酬の相場と日本の役員報酬の相場が大きく異なり、また、物価の内外価格差が大きいことを考えると、日本の会社としては限界まで高額の報酬を支給したかもしれませんが、外国の会社は、日本の会社の役員報酬を軽く上回る報酬を提示できてしまいました。外国人取締役を選任するときの悲しい現実です。

第**2**節　金銭報酬と株式報酬

■ 1　金銭報酬と株式報酬の必要性

① 金銭報酬の必要性

　金銭報酬が報酬として有効に機能することは当然である。通貨である金銭は、生活の基礎となるものであり、その他にも娯楽、投資等様々な使途がある。そのため、固定報酬は金銭で支払うことが当然であり、役員側としては安定した支払いを求めることになる。

　ただし、業績に連動した報酬が不要かというと、決してそのようなことはない。役員としては報酬が上昇すれば喜びにつながり、報酬は多ければ多いほど良い。そして多くても困ることはない。この特質を考えると、金銭報酬は、インセンティブとしては非常に効果が高い。

② 株式報酬の必要性

（1）　株式報酬の歴史と概要

　株式を報酬として支給する株式報酬は、外国、特に欧米で編み出された役員報酬の一種であり、日本でも普及している。欧米で流行したストック・オプションは、概ね、新株予約権を無償発行して発行時の時価で権利行使できるようにし、発行時より株価が高くなった時点で売却することで、その差額を報酬とする設計であった。

　ところが、日本では、欧米型のストック・オプションが導入されたものの、日本独自のスキームにその主役を取って代わられた。このスキームは、役員に対して無償で新株予約権を付与し、退職時に新株予約権を払込

価額1円で行使することができるという、いわゆる1円ストック・オプションというものであった。このスキームでは、一度新株予約権を経由するが、退職時にほとんど無償で株式を交付することになるので、実質的に株式を報酬として交付する制度といえる。

（2） 株式報酬の必要性

では、なぜ株式報酬が導入されたか。

序章で述べたとおり、株主と取締役との間には、エージェンシー問題が横たわり、特にそれは報酬問題において顕在化する。固定報酬では、利益が減ろうが、株価が下がろうが、役員は安定した報酬を得ることができる。経済成長期であれば株価が下がらず利益は大概計上できたので問題はないが、現代では、容易に利益は計上できず、株価もなかなか上昇しないことから、役員が安定した報酬を得ていると「株主の痛みがわかっていない」と株主・投資家から批判を受けることになる。特に、高額な報酬を得ている取締役が在籍しながら株価が大幅に下がった会社では、株主総会で一般株主から質問が出ることもある。

この問題を解決するために、利益に連動した賞与を設計することが考えられる。しかし、利益が計上されていても、株価が下がってくれば、「役員は株価が下がっても懐が痛くない」と株主の不満は募ることになる。

そこで、株価が下がると役員の懐が痛む制度として株式報酬が考えられている（ただし、株価連動賞与は、実際には株価が下がると役員の懐が痛む制度ではなく、アテにしていた賞与が減るに過ぎない）。株式報酬を上手く活用すれば、問題は回避しやすいと思われる。

③ 株式報酬の問題点

どのような場合に株式が報酬として機能するのだろうか。まずは、換金性、すなわち、役員が自家用車や不動産を購入するための資金が必要に

なったときに、容易にこうした資金需要に対応できるかという点が問題となる。

（1）　インサイダー取引規制

まずは、インサイダー取引規制を考慮する必要がある。

現役の役員や退任後1年を経過していない役員は、インサイダー取引規制に抵触する可能性があることから、株式の換金は容易ではなく、現実的には在任中及び退任後1年間は自社株式の売却を見合わせざるを得ない。

なお、株式を担保に資金を借り入れることは可能である。

（2）　大量売却の際の株価の下落

役員が株式を大量に売約しようとすると、会社の株価が下がる可能性が高い。そのため、ブロック・トレードやその他の方法を用いて株式を処分したり、市場外での取引をしたりする等の工夫が求められる。

（3）　会社側の観点

会社側から見ると、株式報酬制度を採用すれば、キャッシュの流失なしに、役員に対して業績連動報酬を支給することができるようになる。また、譲渡制限株式やストック・オプション等は、譲渡制限の解除や新株予約権の行使がない限り、株式が譲渡される可能性はなく、インサイダー取引規制の問題等は生じにくいというメリットもある。逆に、譲渡制限解除後や新株予約権の行使後の株式売買をどうコントロールするか、の問題が残る。

2 業績連動報酬の内容

① 業績連動金銭報酬

（1） 利益連動金銭報酬

　会社が獲得した利益(営業利益、経常利益、最終利益)に連動する金銭報酬がベーシックである。この場合、事業年度ごとに計上される利益額を基準とする短期業績連動賞与(STI)と、中長期(3〜5年、あるいは就任から退職まで)の利益の総額や利益率、自己資本利益率(ROE)等を基準とする長期業績連動賞与(LTI)に大きく分けられる。

　いずれの場合も、自社にとって最も大切な利益が、営業利益、経常利益、最終利益のどれかということを確認して重要業績評価指標(KPI)を設けることが重要になる。また、LTI の場合、対象期間を何年と設定するかが大切である。

　開示の実例としては、以下のものがある。

【実例：キリンホールディングス株式会社】
●2021年12月期 有価証券報告書

- ● 年度の業績目標達成、及び将来の成長に向けた取組みを動機付ける業績連動報酬
- ● 役位及び職責ごとに予め定められた目標達成時の支給額（基準額）を100%とした場合、業績目標の達成度等に応じて 0 ％〜200%の範囲内で変動
- ● 事業年度終了後に一括支給

　この会社は、賞与の概要を説明しつつ、役職ごとの業績評価指標等を明示して報酬制度の詳しい説明をしている。更に図面化して賞与の仕組みを解説している。

業績評価指標	評価割合				支給率の変動幅	目標業績	
	代表取締役社長	代表取締役副社長	事業会社社長等兼任執行役員	その他の取締役等			
会社業績評価（連結事業利益）(A)	70%	60%	20%	50%	0%～200%	上限値	1,992億円
						基準値	1,660億円
						下限値	1,328億円
事業業績評価(B)	—	—	40%	—	0%～200%	上記1）④に従って決定します。	
個人業績評価(C)	30%	40%	40%	50%	0%～200%		

イメージ図４：賞与の業績連動の仕組み

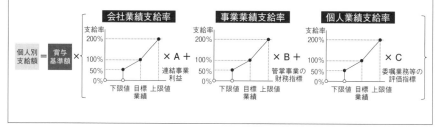

また、シンプルな賞与の例として、以下の開示を紹介する。

【実例：大成建設株式会社】
●2022年３月期 有価証券報告書

（業績連動報酬（金銭報酬））

　業績連動報酬（金銭報酬）は、在任中、毎月一定期日に支給するものとし、業績指標は、グループ経営に対する取締役の責任と報酬の連動を明確にすることを目的として、当社グループの事業活動に対する最終的な成果を示す指標である直近連結会計年度の連結損益計算書における親会社株主に帰属する当期純利益を採用し、役位に応じて累進するように定めております。

（業績連動報酬（株式報酬））

　　　　　（略）

　業績連動報酬(金銭報酬・株式報酬)の額及び給付ポイントの決定に際しては、報
酬委員会が次の事項について協議し、取締役会に付議しております。

　（1）取締役報酬等の総支給額及び総給付ポイント並びに役位別の支給額及び給
　　　　付ポイント

　（2）取締役報酬等に関する内規の制定及び改定

　なお、業績連動報酬(金銭報酬・株式報酬)に係る指標の目標・実績は、以下のと
おりであります。

（単位：百万円）

取締役会決議日	2022年6月28日		(参考) 2021年6月25日	
金銭報酬における報酬額の対象期間	2022年7月～2023年6月		2021年7月～2022年6月	
株式報酬における給付ポイントの付与日	2022年6月28日		2021年6月25日	
目標・実績の別	目標	実績	目標	実績
直近連結会計年度における 親会社株主に帰属する当期純利益	63,000	71,436	56,000	92,554

　連結損益計算書の当期純利益を指標として用いるという、非常にシンプ
ルかつ役員にとってわかりやすい仕組みである。

（2）　株価連動金銭報酬

　株価に連動する金銭報酬制度もある。

　一定の期間を決め(イメージ図：A～B)、期末の株価が期初から上昇して
いる場合、その差額(イメージ図：Y−X)に一定係数を乗じた金額を報酬とす
る、ファントム・ストックが有名である(期初に株式を購入し期末に売却したと
仮定して、その金額を換算し賞与とする仕組みで、実際に株式を購入するわけではな
いため、「幽霊」株式と名付けられたと考えられる)。ファントム・ストックでは、
配当金も支給されたものとして取り扱うが、株価が下落した場合は報酬が
マイナスとなる厳しい運用も考えられる。

一方、役員に優しく、期初と期末の差額を算定し、上昇した分を賞与にする(株価下落した場合は賞与が計上されないだけ)という、株価下落のリスクがない仕組みもある。これは、ストック・アプリシエーション・ライト(SAR)と呼ばれ、ある自動車会社が外国から招聘した経営トップに支給する報酬としてよく知られている。

　このように、金銭報酬でありながらも、株価を経営者に意識してもらう報酬スキームも考案されている。

《ファントム・ストックのイメージ図》

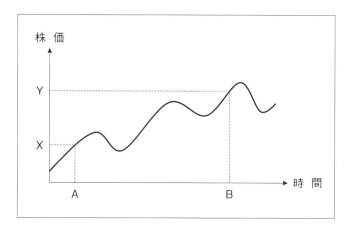

【実例：三菱地所株式会社】

　三菱地所の場合、ファントム・ストックについて詳細に定めている。

●2022年3月期 有価証券報告書

(ⅲ) 中長期業績連動報酬 (ファントムストック)

　①総報酬額に占める支払割合 (基準額)

　　12.5%

②当報酬に係る指標、その指標を選択した理由、決定方法等

　　企業価値の持続的な向上を図るインセンティブを与えるとともに、株主との一層の価値共有を推進することを目的に、株価及び同業他社（5社）と比較した株主総利回り（TSR）の順位を指標として、報酬金額が変動します。役位ごとの報酬基準額及び最終的な報酬金額については、報酬委員会にて決定します。なお、同業他社との比較における最上位を目指すものとし、最近事業年度における実績は下表のとおりとなります。

・TSR順位等実績

付与年度	当社TSR *1	TSR順位 *1	本制度による報酬額 （百万円）*1	発行価額 （円）	2021年度末月平均株価（円）	業績評価期間
2021年度	−0.058	4位	−	1,798	1,743	2021年6月1日〜 2024年6月30日

（注）＊1　業績評価期間が終了していないため、最近事業年度末における状況に基づき記載しております。

　まず、総報酬額に占める支払割合（基準額）である12.5％を明記し、当報酬に係る指標、その指標を選択した理由、決定方法等、法令の開示事項に沿った記載を行っている。

　その中での特徴として、通常のファントム・ストックであれば一定期間の株価の変動を対象として報酬額を算定するのに対して、三菱地所の場合、「株価及び同業他社（5社）と比較した株主総利回り（TSR）の順位を指標として、報酬金額が変動します」というように、株価に加えて、株価に配当実績を加えた指標であるTSRを用い、それを更に同業他社と比較した順位により報酬額を算定する、という独自の手法をとっている。

　③報酬の算定方法

Ⅰ．制度の概要

　当社の執行役を対象として、報酬の一部として、以下に定める内容の業績連動

型報酬制度（以下、「本制度」という。）に基づき報酬を支給いたします。本制度は当社の株価に連動して報酬額が算出されるものであり、「企業価値の持続的向上」及び「株主との価値共有」を目的としております。また、業績評価期間における株主総利回りを同業他社と比較し、その順位を踏まえた上で決定される報酬額を金銭にて支給するものです。

Ⅱ．報酬決定方法

以下の方法に基づき、支給対象者ごとの支給金額を決定する。

(a) 支給対象者

当社の執行役を対象とし、執行役を兼務しない取締役は対象外とする。

(b) 支給する財産

本制度による報酬額は、金銭による給与として支給する。

(c) 算定方法

本制度による報酬額は、報酬委員会で決定された報酬基準額に基づき、以下Ⅲの個別支給金額の算定方法のとおり決定する。

(d) 業務執行期間

当報酬の支給が決定された年度の4月1日から翌年3月31日までの期間とする。

(e) 業績評価期間

当報酬の支給が決定された年度の6月1日から3年後の6月30日までの期間とする。

(f) 報酬支給決定日

報酬委員会開催日（2022年4月21日）とする。

　　まずは、支給対象者(執行役に限定すること)、支給方法(金銭)及び報酬支給決定日を定めることは当然であるが、ファントム・ストックとして、業務執行期間及び業績評価期間を定め、その間の株価の変動を基に報酬額を算定している点が重要である。

　　そして、算定方法に特色が出ている。

Ⅲ．個別支給金額の算定方法

本制度による支給対象者の各人の報酬額（以下、「最終報酬額」という。）は、報酬基準額をもとに、以下の算式に基づき決定する。

$$本制度による最終報酬額 = 報酬基準額^{*1} \times \frac{業績評価期間末月の株価^{*2}}{発行価額^{*3}} \times 権利確定割合^{*4}$$

ただし、支給対象者の職位ごとの本制度による最終報酬額の上限金額は、それぞれ以下のとおりとする。

執行役社長	執行役副社長	執行役専務	執行役常務	執行役
99,000千円	64,000千円	53,000千円	42,000千円	32,000千円

（注）*1　報酬基準額

報酬基準額は、支給対象者の職位に応じて、それぞれ以下のとおりとする。

執行役社長	執行役副社長	執行役専務	執行役常務	執行役
19,647千円	12,675千円	10,413千円	8,352千円	6,288千円

*2　業績評価期間末月の株価

業績評価期間末月の株価は、業績評価期間の最終の月の東京証券取引所における普通株式の終値の単純平均値（円未満切り捨て）とする。

*3　発行価額

発行価額は、報酬委員会開催日の直前営業日である2022年4月20日の東京証券取引所における当社普通株式の終値（円未満切り捨て）とする。

*4　権利確定割合

業績評価期間における株主総利回り（以下、「TSR」という。）を、当社並びに、野村不動産ホールディングス株式会社、東急不動産ホールディングス株式会社、三井不動産株式会社、東京建物株式会社、及び住友不動産株式会社（以下、総称して「同業他社」という。）についてそれぞれ算定し、当社及び同業他社の各TSRを比較の上、TSR

が高い順に順位 (以下、「TSR 順位」という。) を付け、100%を上限と
して、当社の TSR 順位に対応する下表の割合とする。

TSR 順位	1位	2位	3位	4位	5位	6位
権利確定割合	100%	80%	60%	40%	20%	0%

なお、TSR は以下の算式により算出する。

$$TSR = \frac{(業績評価期間末月の株価(*ア)-業績評価期間開始月の株価(*イ)) + 業績評価期間 (業績評価期間末月を除く) 中の日を基準日とする剰余金の配当に係る1株当たり配当総額}{業績評価期間開始月の株価(*イ)}$$

(注) ＊ア 業績評価期間末月の株価は、業績評価期間の最終の月の東京証券取
引所における普通株式の終値の単純平均値 (円未満切り捨て) とする。

＊イ 業績評価期間開始月の株価は、業績評価期間の最初の月の東京証券
取引所における普通株式の終値の単純平均値 (円未満切り捨て) とする。
当社又は同業他社のうちいずれかが、業績評価期間満了までの間に、
普通株式につき株式の分割、株式の併合又は株式無償割当てを行った
場合には、報酬委員会が、当該株式の分割、株式の併合又は株式無償
割当てを行った会社の TSR の値を合理的に調整するものとする。
また、同業他社のうちいずれかについて、次に定める事由その他 TS
R の算定が不可能となる事由が生じた場合には、当該事由が生じた
会社を同業他社から除き TSR を比較するものとする。この場合にお
ける権利確定割合は、TSR 順位が１位のときは100%、最下位のと
きは０％とし、これら以外の順位のときの権利確定割合は、当社を
含む比較会社数に応じ等分に減じることとする。(以下略)

株価変動については、業績評価期間末月の株価(当該月の終値の単純平均
値)を発行価額で除して報酬基準額(役職ごとに予め決定されている)と権利確
定割合を乗じて決定している。

特徴的なのは、「権利確定割合」として、TSR を同業他社と比較した順
位を、ファントム・ストックの評価額に乗じて、１位ならば全額を支給

し、6位（最下位）の場合はファントム・ストックを支給しない、という思い切った数値設定をしていることである。

　この権利確定割合は、同業他社とTSRを比較してその順位によって、100％（1位）から0％（6位）までの数値となる。つまり、株価が上昇しても他社のTSRと比較して6位の場合は、ファントム・ストックは支給されないことになる。

　この要素を盛り込むことで、執行役は、単に業績を向上させて株価を上昇させるインセンティブを持つだけではなくなる。つまり、他社との比較を意識せざるを得ず、更に、TSR向上のために、株価だけでなく配当額についても関心を払い、取締役会において取締役に高額の配当を決議してもらえるような業績の向上を意識しなければならない仕組みとなっている。

　なお、ファントム・ストックは執行役のみ支給対象となっているため、取締役を兼務している執行役を除き、取締役会における配当決議について、支給対象者は基本的に議決権を有しないという制度設計である。そのため、執行役は、自らが高額の配当を決議するという利益相反的な行為が基本的に認められないだけでなく、高額の配当を行うことについて取締役を説得できるだけの業績等を示さなければならないというミッションを与えられていることになる。

　ただし、取締役を兼ねる執行役については、利益相反的な行動が可能であることから、報酬委員会による牽制やコントロールが重要となろう。

IV．報酬支給決定日から業績評価期間満了までの間に支給対象者に異動等が生じた場合の取扱い

　(a) 支給対象者が報酬支給決定日から業績評価期間満了までの間、常に執行役の地位にあった場合：

　　上記IIの報酬決定方法に従い支給する。

　(b) 支給対象者が報酬支給決定日から業績評価期間満了までの間に、執行役を

退任し、同時に執行役員またはグループ執行役員のいずれかに就任又は再任した場合：

上記Ⅱの報酬決定方法に従い支給する。

(c) 支給対象者が報酬支給決定日から業績評価期間満了までの間において、正当な理由により執行役の地位から退任した場合（上記 (b) に該当する場合を除く）：

上記Ⅱの報酬決定方法に従い支給する。この場合において支給する金銭の額は、上記Ⅲ個別支給金額の算定方法における本制度による最終報酬額に在任期間比率（報酬支給決定日から支給対象者の退任日を含む月までの期間が12月に満たない場合は当該期間に含まれる月数を12で除した数、12月以上の場合は1。(d) において同様。）を乗じて算定する。

(d) 支給対象者が報酬支給決定日から業績評価期間満了までの間において死亡した場合：

報酬支給決定日から支給対象者の死亡による退任日を含む月までの以下の期間（以下、「退任時までの期間」という。）に応じて、それぞれ次に定める方法により算定される報酬額を支給する。

・退任時までの期間に係る月数が12月に満たない場合：上記Ⅲ個別支給金額の算定方法における本制度による最終報酬額の算定式中の「業績評価期間末月の株価」を「退任日の東京証券取引所における当社普通株式の終値（円未満切り捨て）」とし、「権利確定割合」を100％として計算した額に、在任期間比率を乗じて算定する。

・退任時までの期間に係る月数が12月以上の場合：上記Ⅲ個別支給金額の算定方法における本制度による最終報酬額の算定式中の「業績評価期間末月の株価」を「退任日の東京証券取引所における当社普通株式の終値（円未満切り捨て）」とし、「権利確定割合」を100％として算定する。

Ⅴ．不支給とする場合

(a) 支給対象者が次のいずれかに該当した場合には、本制度に定める報酬は支給しない。

・支給対象者が禁錮刑以上の刑に処せられた場合

・支給対象者について破産手続開始、民事再生手続開始その他これらに類する手続開始の申立てがあった場合

・支給対象者が差押さえ、強制執行若しくは競売の申し立てを受け、又は公租公課の滞納処分を受けた場合

(b) 支給対象者が次のいずれかに該当した場合、書面による通知をすることにより、本制度に定める報酬の全部を支給しない。

・当社又は当社の子会社の事業と競業する業務に従事し、又は競合する法人その他の団体の役職員に就任した場合（ただし、当社の書面による事前の承諾がある場合は除く）

・法令、支給対象者に適用のある当社若しくは当社の子会社の内部規程等について違反した場合

Ⅵ. 報酬支給決定日から業績評価期間満了までの期間中に組織再編等が実施される場合の取扱い

当社は、報酬支給決定日から業績評価期間満了までの期間中に、次の (a) から (f) に掲げるいずれかの事項が当社の株主総会（(b) において当社株主総会による承認を要さない場合及び(f)を審議する場合には、当社取締役会）で承認された場合（ただし、(a) から (f) のそれぞれについて次に定める日（以下、「組織再編等効力発生日」という。）が業績評価期間満了より前に到来するときに限る。）には、上記Ⅲ個別支給金額の算定方法における本制度による最終報酬額の算定式中の「業績評価期間末月の株価」は「組織再編等効力発生日の前日の東京証券取引所における当社普通株式の終値（円未満切り捨て）」と読み替えて報酬額を決定する。この場合において、当該算定式中の「権利確定割合」は100%とする。

(a) 当社が消滅会社となる合併契約：

合併の効力発生日

(b) 当社が分割会社となる吸収分割契約又は新設分割計画（当社が、会社分割の効力発生日において、当該会社分割により交付を受ける分割対価の全部又は一部を当社の株主に交付する場合に限る。）：

会社分割の効力発生日

(c) 当社が完全子会社となる株式交換契約又は株式移転計画：

　　株式交換又は株式移転の効力発生日

(d) 株式の併合（当該株式の併合により当社株式が1株に満たない端数のみとなる場合に

　　限る。）：

　　株式の併合の効力発生日

(e) 当社の普通株式に会社法第108条第1項第7号の全部取得条項を付して行

　　う当社の普通株式の全部の取得：

　　会社法第171条第1項第3号に規定する取得日

(f) 当社の普通株式を対象とする会社法第179条第2項に定める株式売渡請求：

　　会社法第179条の2第1項第5号に規定する取得日

　　最後は、報酬支給決定日から業績評価期間満了までの間に支給対象者に
異動等が生じた場合や、会社の組織再編等の取扱いである。執行役は取締
役会により選任・解任がなされ、また職務分掌も決定され、人事異動につ
いては、業績評価期間中に行われることがある。その他に、特別な会社の
意思決定(コーポレート・アクション)が起きることも考えられる。このとき、
役員報酬について明確に定めていないと、会社と役員の間でもめ事になる
リスクがある。そのため、人事異動やコーポレート・アクションが起こっ
た場合について事前にルールを決めておかなければならない。

　　三菱地所の例を見ると、穴がないよう詳細に規定していることから、相
当のボリュームとなっているが、開示も丁寧に行っている。

【実例：ブラザー工業株式会社】
●2020年6月24日付適時開示

①	付与対象者	当社の執行役員のうち日本国非居住者かつ日本国籍を有しない者

② 付与時期　　　毎年の当社定時株主総会後の取締役会にて、当社執行役員に対する株式報酬型ストックオプションの付与に合わせて、付与対象者に対し、ファントムストックを付与することを決議したうえで、当該決議の日の翌月末までに付与します。

③ 付与の内容　　当社の定める一定の基準に従い算定される数のファントムストックを付与します。

④ 権利行使期間　ファントムストックの権利行使は、株式報酬型ストックオプションと同様、当社および当社子会社ならびにそれらがその総株主の議決権の40％以上を有する会社の取締役、監査役、執行役員および理事のいずれの地位をも喪失した日の翌日より1年から起算して5年を経過する日までの間に限り行うことができるものとします。

⑤ 支払い　　　　付与対象者がファントムストックの権利を行使した場合は、行使対象のファントムストック数に権利行使日の当社株価を乗じた金額を現金にて付与対象者に支払います。支払いに際しては、株式報酬型ストックオプションにおける払込金額に相当する金額（1株当たり1円）等が控除されます。なお、当社が当社普通株式について剰余金の配当を行う場合であっても、ファントムストックについて配当金ないし配当金相当額の支払いは行われません。

⑥ その他　　　　上記のほか、ファントムストックに関する詳細は、原則として株式報酬型ストックオプションの諸条件を準用することになりますが、具体的には当社の定める規則、および当社と付与対象者との間で締結するファントムストックの付与に関する契約において定めるものとします。

　この会社は、ストック・オプションを導入しており、並行して同様のスキームでファントム・ストック（株価連動金銭報酬）を設定している。

その理由については明記されていないが、税務上等の問題へ対処するためだと想定される。すなわち、並行して導入されているストック・オプションは、国内居住者を前提としており、国内非居住者かつ日本国籍を有しない者に対する付与は実務上困難である。そのため、ストック・オプションの代替報酬としてファントム・ストックにより金銭で退職時賞与を支給するというスキームである。

なお、同社はストック・オプションを2022年6月に廃止し、国内居住者については譲渡制限付株式報酬とパフォーマンス・シェア・ユニットの性質を併せ持つ信託型報酬を採用し、退職時の報酬支給に際して株式と金銭をミックスさせる手法をとっている。

②　株式報酬

（1）　ストック・オプション

ストック・オプションは、日本で最初に導入された株式報酬である。役員に対して、一度新株予約権(新株引受権と呼ばれる時代もあった)を無償で交付し、新株予約権を株式に引き替えられる行使価格を新株予約権発行時の時価とすれば、将来的に株価が上昇しても、新株予約権発行時の行使価格で株式を入手することができ、その後時価で売却をすれば、行使価格と売却時の時価の差額が報酬となる仕組みである。一定の要件を満たせば、新株予約権を行使して取得した株式について、譲渡した段階で課税されるという税制上の優遇措置が受けられる。このようなストック・オプションは「税制適格ストック・オプション」と呼ばれることがある。

《ストック・オプションのイメージ図》

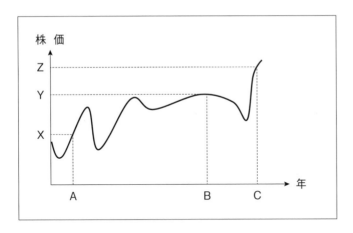

　A年でX円の株価がB年でY円になったとすると、A年でストック・オプションを発行すれば、B年の時点で権利行使をした場合、Y円ではなくX円で株式を取得できる。そして、C年の時点でZ円で売却することができれば、Z−X円の分が報酬となる。したがって、株価が右肩上がりになるように業務を執行するインセンティブが働くことから、役員と株主の利害が一致する報酬といわれるのである。

【実例：HOYA株式会社】

　HOYAのストック・オプションは、権利行使価格を時価とするストック・オプションである。そして、その対象者は取締役である。なお、HOYAは指名委員会等設置会社であり、取締役6人のうち5人が独立社外取締役であり(2021年当時)、その独立社外取締役(監査委員か否かを問わず)に対しても株式報酬であるストック・オプションを付与するものであった。そのため、以下のような新株予約権発行の理由を説明している。

　なお、2022年6月に譲渡制限付株式報酬制度に変更されているが、参考になるため紹介する。

●2021年7月29日付適時開示

> 1．ストック・オプションとして新株予約権を発行する理由
>
> 　　当社取締役が、当社グループの株価に対して株主と共通の視点を持ち、中長
> 期的に株主と利益を共有することを目的とする。

　名称、新株予約権の総数、新株予約権の目的たる株式の種類及び数等の
定めは、定型的なものであり、特段特徴はない。省略部分は株式分割等が
行われた際の調整条項であるが、こちらも通常のものと変わらない。

> 2．新株予約権の名称
> 　　HOYA株式会社第22回新株予約権
> 3．新株予約権の総数
> 　　100個（新株予約権1個につき400株）
> 4．新株予約権の目的たる株式の種類及び数
> 　　当社普通株式40,000株
> 　　新株予約権1個あたりの目的となる株式数（以下、「目的株式数」という。）は、
> 　　400株とする。（以下略）

　新株予約権の払込金額とは、新株予約権の行使価格ではなく、発行価格
のことである。こちらは、通常は無償である。なお、有利発行には該当し
ないとの但し書きがあるが、これは、商法下ではストック・オプションは
従前新株予約権の有利発行として毎回特別決議が要求されるという実務が
定着していたことによる。なお、会社法下では有利発行に該当しないとの
見解もあったところ、2021年3月施行の会社法改正により有利発行に該
当しないことが明確になっているが、念のため記載しているようである。

> 5．新株予約権の払込金額（発行価格）
>
> 無償とする。ただし、有利発行には該当しない。

　新株予約権1個の行使に際して出資される財産の価額として、HOYA では「6,032,000円（出資金額）　一株あたり15,080円」とされ、行使価格が新株予約権発行時の時価であることを明確にしている。

> 6．新株予約権の割当日
>
> 2021年8月17日
>
> 7．新株予約権の行使に際して出資される財産の価額およびその算定根拠
>
> 新株予約権1個の行使に際して出資される財産の価額6,032,000円（出資金額）
>
> 一株あたり15,080円
>
> 一株あたりの出資金額は、東京証券取引所における当社株式普通取引の新株予約権の募集要項を定める取締役会決議日の前営業日（2021年7月28日）の終値15,080円とする。（以下略）

　発行価額の総額、権利行使期間、新株予約権の割当対象者および割り当てる新株予約権の数を明記することになる。ただし、税制適格ストック・オプションについては、行使期間が付与決議から2 〜 10年後の8年間とされており、HOYA の場合は、厳密には税制適格要件を満たさない可能性がある。

> 8．新株予約権の行使により発行する株式の発行価額の総額
>
> 603,200,000円
>
> 9．新株予約権の権利行使期間
>
> 2022年10月1日から2031年9月30日まで
>
> 10．新株予約権の割当対象者および割り当てる新株予約権の数
>
> 当社取締役計6名に、100個の新株予約権を割り当てる。

行使条件には、最も会社の個性が表れる。

---

11. 新株予約権の行使条件

　①新株予約権の割当を受けた者は、権利行使時においても、当社の取締役、執行役もしくは従業員または当社の子会社の取締役、執行役もしくは従業員であることを要す。ただし、任期満了による退任、定年による退職の場合には、当該新株予約権者は、自己に割り当てられた本新株予約権のうち、任期満了による退任時または定年による退職時における権利行使可能上限株式数に係る新株予約権に限り行使することができるものとし、任期満了による退任または定年による退職後に権利行使が可能となる権利行使可能上限株式数超過分に係る新株予約権については行使することができない。

　割当を受けた者の立場が、付与時だけでなく権利行使時においても会社の役職員もしくは子会社の役職員であることを要求している。これは、インセンティブ報酬として合理的な条件である。

　そして、任期満了や定年等で穏やかに退任・退職する場合は、一定の限度で権利を行使することが認められるが、残部は放棄しなければならないことになる。

---

　②新株予約権割当契約により、相続人、譲受人、質権の設定を受けた者その他の新株予約権者の承継人による新株予約権の行使は認められない。

　③1個の新株予約権を分割して行使することはできないものとする。

　④その他権利行使の条件は、新株予約権発行の取締役会決議に基づき、新株予約権割当契約に定めるところによる。

　ストック・オプションについて相続を認めるか否かは、会社により異なる。HOYAの場合は認めていない。

　分割行使ができないことは一般的である。また、適時開示には行使条件

の詳細は記載しないことが通常であり、このような表記となる。

　もっとも、登記の際には、行使条件について全てを明確に記載しなければならず、新株予約権割当契約に委ねて省略することは認められないのではないかと考えられる。

　以下の新株予約権の取得、増加する資本金および資本準備金、行使請求受付場所、払込取扱金融機関、新株予約権の譲渡制限、新株予約権証券の不発行は、よく見られる形態である。

---

12. 新株予約権の取得

　　当社が消滅会社となる合併契約、当社が分割会社となる分割契約もしくは分割計画、当社が完全子会社となる株式交換契約、または株式移転計画につき株主総会で承認（株主総会の承認が不要な場合には取締役会決議または代表執行役最高経営責任者の決定）がなされた時は、当社は、新株予約権を無償で取得することができる。

　　11．に定める事項により新株予約権者が新株予約権を行使することができなくなったときは、当社は、新株予約権を無償で取得することができる。

13. 新株予約権の行使により株式を発行する場合において増加する資本金および資本準備金

　　新株予約権の行使により株式を発行する場合における増加する資本金の額は、会社計算規則第17条第1項に従い算出される資本金等増加限度額の2分の1の額（計算の結果1円未満の端数を生じる場合はその端数を切り上げた額）とし、増加する資本準備金の額は、上記の資本金等増加限度額から増加する資本金の額を減じた額とする。

14. 新株予約権の行使請求受付場所

　　HOYA 株式会社またはその業務を承継する部署

15. 新株予約権の行使時の払込取扱金融機関

　　株式会社三菱 UFJ 銀行東京営業部

16. 新株予約権の譲渡制限

譲渡による新株予約権の取得については、当社取締役会の承認を要する。

17．新株予約権証券の発行

当社は、新株予約権を表章する新株予約権証券を発行しない。

一方、日本の上場会社で流行した「１円ストック・オプション」とは、行使価格を１円とし、退任時に行使できる新株予約権を役員に交付することで、実際の退任時に自社株式をほぼ無償で取得できるというスキームである。実態としては、退職金代わりの株式報酬であり、実際に、役員退職慰労金制度を廃止することと引替えに、１円ストック・オプションを導入した会社は少なくない。

なお、退職直後に株式を保有していることは、退職時を譲渡制限解除時とする後述の譲渡制限株式と同一の状態であることから、途中経過がある程度異なるものの、類似したスキームといえる。

【実例：株式会社三越伊勢丹ホールディングス】
●2019年６月17日付適時開示

Ⅰ．ストックオプションとして新株予約権を発行する理由

当社は、取締役（社外取締役を除く）および執行役員の報酬制度に関して、業績向上および企業価値増大に対する意欲や士気を高めることを目的として、当社取締役（社外取締役を除く）および執行役員に対してストックオプションとして新株予約権を発行するものである。

Ⅱ．新株予約権の発行の要領

１．新株予約権の名称

株式会社三越伊勢丹ホールディングス第33回新株予約権（株式報酬型ストックオプション）

２．新株予約権の割当ての対象者およびその人数ならびに割り当てる新株予約権の数

当社取締役（社外取締役を除く）　　　5名　773個

　　当社執行役員（取締役兼務者を除く）　6名　460個

3．新株予約権の総数

1,233個とする。（以下略）

4．新株予約権の目的となる株式の種類および数

　新株予約権の目的である株式の種類は当社の普通株式とし、各新株予約権の目的である株式の数（以下「付与株式数」という。）は100株とする。（以下略）

5．新株予約権の払込金額の算定方法およびその払込の方法

　各新株予約権の払込金額は、割当日においてブラック・ショールズ・モデルにより以下の基礎数値に基づき算出した1株当たりのオプション価格に付与株式数を乗じた金額とする。

$$C = Se^{-qT}N(d)-Xe^{-rT}N(d-\sigma\sqrt{T})$$

　ここで、

$$d = \frac{\ln\left(\frac{S}{X}\right)+\left(r-q+\frac{\sigma^2}{2}\right)T}{\sigma\sqrt{T}}$$

i　　1株当たりのオプション価格（C）

ii　　株価（S）：2019年7月2日の東京証券取引所における当社普通株式の普通取引の終値

　　（当日に終値がない場合は、それに先立つ直近の取引日の終値）

iii　行使価格（X）（新株予約権を行使することにより交付を受けることができる株式1株当たりの払込金額）：1円

iv　予想残存期間（T）：4年

v　　ボラティリティ（σ）：2015年7月3日から2019年7月2日までの各取引日における当社普通株式の普通取引の終値に基づき算出

vi　無リスクの利子率（r）：残存年数が予想残存期間に対応する国債の利子率

vii　配当利回り（q）：1株当たりの配当金（2019年3月期の配当実績）÷上記iiに定める株価

viii　標準正規分布の累積分布関数（N（.））

※上記により算出される払込金額は新株予約権の公正価額である。

※当社は対象者に対し新株予約権の払込金額の総額に相当する報酬を支給することとし、払込金額については、会社法第246条第2項の規定に基づき、金銭の払込に代えて、対象者が当社に対して有する報酬債権をもって相殺するものとする。

6．新株予約権と引換えにする金銭の払込の期日

　払込の期日は2019年7月2日とする。

7．新株予約権の行使に際して出資される財産の価額

　新株予約権の行使に際して出資される財産の価額は、当該各新株予約権の行使により交付を受けることができる株式1株当たりの払込金額を1円とし、これに付与株式数を乗じた金額とする。

8．新株予約権を行使できる期間

　2020年8月1日から2035年7月2日までとする。

9〜11．（略）

12．新株予約権の行使の条件

　（1）新株予約権1個当たりの一部行使はできないものとする。

　（2）新株予約権者は、権利行使時において、当社または当社子会社の取締役、監査役、執行役員、顧問、参与およびグループ役員（当社のグループ役員規程に定義される。以下同様とする。）のいずれかの地位にあることを要する。ただし、任期満了による退任その他正当な理由に基づき当社および当社子会社の取締役、監査役、執行役員、顧問、参与およびグループ役員のいずれの地位をも喪失した場合（かかる地位の喪失を以下「退任」という。）、退任の日から5年以内に限って権利行使ができるものとする（なお、当該期間中に、新株予約権者が新たに、当社または当社の子会社の取締役、監査役、執行役員、顧問、参与またはグループ役員のいずれかの地位に就任した場合（以下「再任」という。）は、当該再任後に退任した日から5年以内に限って権利行使ができるものとする。）。この場合、行使期間については、上記8．に定める期間を超えることはできない。

（3）新株予約権を行使することができる期間の満了前に新株予約権者が死亡した場合は、相続人のうち1名に限り、下記（4）の新株予約権割当契約書の定めるところに従い新株予約権を承継することができる（当該相続により新株予約権を相続した者を「権利承継者」という。）。権利承継者が死亡した場合、権利承継者の相続人は新株予約権を承継することができないものとする。権利承継者による新株予約権の行使の条件は、下記（4）の新株予約権割当契約書に定めるところによる。

（4）その他の条件については、当社取締役会の決議に基づき、当社と新株予約権者との間で締結される新株予約権割当契約書に定めるところによる。

13. 新株予約権の取得事由および条件

当社は、以下の場合に、新株予約権を無償で取得することができるものとする。

（1）新株予約権者が、権利を行使する条件に該当しなくなった場合または権利を放棄した場合

（2）会社法、金融商品取引法、税法等の関係法令および諸規則等の制定または改廃等が行われた場合において、当社の取締役会において新株予約権の無償での取得が決議された場合

（3）当社が他社との合併、会社分割、その他会社法等で定められた組織変更等を行う場合において、当社の取締役会において新株予約権の無償での取得が決議された場合

（4）新株予約権者に以下に定める事由が生じた場合において、当社の取締役会において新株予約権の無償での取得が決議された場合

　　イ　会社法に定める取締役の欠格事由、または当社もしくは当社の子会社の執行役員規程に定める執行役員の欠格事由に該当した場合

　　ロ　当社または当社の子会社の取締役、監査役、執行役員、顧問、参与およびグループ役員のいずれかを解任された場合

　　ハ　当社または当社の子会社もしくは関連会社のインサイダー取引防止規程に違反した場合

ニ　新株予約権割当契約書の規定に違反した場合

　　ホ　その職務に関し注意義務に違反する行為を行い、当社または当社の子
　　　　会社もしくは関連会社に著しい損害を与えた場合

　　ヘ　当社または当社の子会社もしくは関連会社の信用を著しく毀損する行
　　　　為を行った場合

（5）新株予約権者が2020年3月31日までに当社の取締役および執行役員なら
　　びに株式会社三越伊勢丹の取締役および執行役員のいずれの地位をも喪失
　　した場合（死亡した場合を含む。）において、当社の取締役会において新株予
　　約権の無償での取得が決議された場合

　　ただし、この場合に当社が無償で取得することができる本新株予約権の個
　　数は、割当個数に当該地位喪失日を含む月の翌月から2020年3月までの
　　月数を乗じた数を12で除した個数（ただし、1個未満は、これを切り捨てるもの
　　とする。）とする。

　　上記のほか、当社は、いつでも、取締役会決議により、新株予約権の全部ま
　　たは一部の買入れ、または新株予約権全部の無償取得を行うことができるもの
　　とする。

14.　組織再編における新株予約権の消滅および再編対象会社の新株予約権交付の
　　内容に関する決定方針（略）

15.　新株予約権を割り当てる日
　　2019年7月2日

　　同社では、役員退職慰労金制度を廃止した際や執行役員に業績連動性が
強い役員報酬制度を導入した際に、1円ストック・オプションを導入し
てきた（現在は、ストック・オプションではなく、譲渡制限付株式報酬が採用されて
いる）。

　　各条項は基本的なものが多いが、退任後の権利行使と相続を認めている
ことについて特色がある。

まず、退任後は、基本的に、「任期満了による退任その他正当な理由に基づき当社及び当社子会社の取締役、監査役、執行役員、顧問、参与及びグループ役員のいずれの地位をも喪失した場合」に限定して、退任の日から５年以内に限って権利行使ができるものとしている。

　相続については、相続人のうち１名、１代限り（再度の相続を認めない）で新株予約権を承継することができるものとしている。これは、役員が在任中に亡くなった場合であっても報酬がなくならないという職務執行の対価性を示し、相続争いが起こった場合に会社手続の複雑化を防ぐという目的の両方を実現するために考案されたものと推察される。

　また、新株予約権の無償取得、すなわち会社が新株予約権を対象者から取り上げることができる条項を設け、役員に善管注意義務違反行為や法令違反行為を行わせないインセンティブとしている点に特徴がある。

　そして、途中退任の場合の一部行使について、一義的に算出する計算式を示して認めている。

　以上のとおり、この会社では、ストック・オプションを可能な限り役員に付与し、取り上げない方向で仕組みを構築しているという特徴があるといえよう。

【実例：富士ソフト株式会社】

　富士ソフトは、譲渡制限付株式報酬を導入する上場会社が相次ぐ中で、譲渡制限付株式報酬制度を導入しながら、並行してストック・オプションを継続的に発行している。

●2022年２月10日付適時開示

> Ⅰ　ストック・オプションを付与する目的
> 　当社の取締役が株価変動のメリットとリスクを株主の皆様と共有し、あわせて当社の取締役の業績向上に対する意欲や士気を喚起することにより当社の健全な

経営と社会的信頼の向上を図ることを目的として、当社取締役（社外取締役を除く）に対してストック・オプションを付与することについてご承認をお願いするとともに、ストック・オプションとして交付される新株予約権の具体的内容のご承認をお願いするものであります。

Ⅱ　ストック・オプションを付与するために付議する議案の内容

1．ストック・オプションに関する報酬等の額

　当社の取締役に対する報酬は、会社法第361条第1項に基づき、2007年6月25日開催の第37回定時株主総会において、金銭報酬として年額700百万円以内（ただし、使用人分の給与は含まない。）とすること及び2019年3月15日開催の第49回定時株主総会において上記取締役の報酬等の額とは別枠で、当社の取締役（社外取締役を除く）に対するストック・オプションに関する報酬等の額を年額150百万円以内（ただし、使用人分の給与は含まない。）とすることをご承認いただき、今日に至っております。

　2021年3月1日施行の「会社法の一部を改正する法律（令和元年法律第70号）」により、取締役に対する報酬としての新株予約権の付与について株主総会における決議事項が明確化されたことから、改めて下記のとおり、当社の取締役（社外取締役を除く）に対するストック・オプション報酬等の額を年額100百万円以内（ただし、使用人分の給与は含まない。）とすること及びその内容等につき、ご承認をお願いするものであります。

　ここでは、ストック・オプションを導入する理由について説明するとともに、ストック・オプションのための報酬枠を説明している。

　導入理由については、特別な記述はなく、譲渡制限付株式報酬との比較も特に記載はないが、特徴的なのは、会社法改正に言及していることである。

　当社の取締役に対してストック・オプション報酬として発行する新株予約権の額は、新株予約権の割当日において算定した新株予約権1個あたりの公正価額

に、割当てる新株予約権の総数を乗じた額となります。ここでいうところの新株予約権1個当たりの公正価額の算定につきましては、割当日における当社株価及び行使価額等の諸条件をもとに、新株予約権の公正価値の算定のために一般的に利用されている算定方法を用いることとしております。

　また、当社の取締役の他に、当社執行役員に対しても同様のストック・オプションを割当てる予定です。当社における対象者の貢献度等諸般の事項を総合的に勘案の上で、具体的な付与対象者、支給時期及び分配については、経営委員会に諮った後に取締役会にて決定することとしており、その内容は相当なものであると考えております。

　当該部分では、「相当な理由」（会361④）を記載している。ただし、ストック・オプションの算定方法については、ブラック・ショールズ・モデル、モンテカルロ・シミュレーションや三項モデル、二項モデル等が有名であるが、どれも一長一短であり、確定したものはない。

　そのため、「新株予約権の公正価値の算定のために一般的に利用されている算定方法」と記述しただけでは、一義的に計算方法が定まるわけではない。そこで、算定モデルの選択まで取締役会に委ねてよいかどうかという点が問題になる。

　もっとも、算定モデルの選択によって公正価格は変わってくるかもしれないが、支給上限額を株主総会の議案としていることから、株主との利益相反性は、限定的と考えられる。

　2．報酬等の内容（ストック・オプション報酬として1年間に発行する新株予約権の内容）
（1）新株予約権の数
　　　各事業年度に係る定時株主総会開催日から1年以内に発行する新株予約権の数の上限は1,000個とする。
（2）新株予約権の目的である株式の種類及び数
　　　各事業年度に係る定時株主総会開催日から1年以内に発行する新株予約権の

目的である株式の数の上限は100,000株とする。なお、新株予約権の目的である株式の種類は普通株式とし、新株予約権1個当たりの目的である株式の数は100株とする。（以下略）

（3）新株予約権と引換えに払い込む金額

新株予約権と引換えに金銭の払い込みを要しないものとする。なお、本新株予約権はインセンティブ報酬として付与される新株予約権であり、金銭の払い込みを要しないことは有利発行に該当しない。

（4）新株予約権の行使に際して出資される財産の価額

新株予約権1個当たりの行使に際して出資される財産の価額は、新株予約権を行使することにより交付を受けることができる株式1株当たりの払込金額（以下「行使価額」という。）に付与株式数を乗じた金額とする。

行使価額は、新株予約権を割り当てる日の属する月の前月の各日（取引が成立していない日を除く）における株式会社東京証券取引所における当社普通株式の終値の平均値に1.05を乗じた金額（1円未満の端数は切り上げ）とする。ただし、その価額が新株予約権の割当日の終値（取引が成立していない場合はそれに先立つ直近取引日の終値）を下回る場合は、当該終値を行使価額とする。

なお、当社が当社普通株式につき株式分割または株式併合等を行うことにより、行使価額の変更をすることが適切な場合は、当社は必要と認める調整を行うものとする。

（5）新株予約権を行使することができる期間

新株予約権の付与決議の日後2年を経過した日から当該付与決議の日後5年を経過する日までの範囲内で、取締役会が決定する期間とする。

（6）譲渡による新株予約権の取得の制限

譲渡による新株予約権の取得については、取締役会の承認を要する。

この部分では、新株予約権の内容を定めている。行使価格については、上場会社で流行した1円ストック・オプションではなく、「新株予約権を割り当てる日の属する月の前月の各日における株式会社東京証券取引所に

おける当社普通株式の終値の平均値に1.05を乗じた金額」とし、いわゆる税制適格ストック・オプションの要件を考慮している。実際行使期間は新株予約権の付与決議の日後2年を経過した日から当該付与決議の日後5年を経過する日までの範囲内で取締役会が決定するとし、譲渡制限をかける等、その他の要素についても税制適格要件を満たしているといえよう。

（7）新株予約権の行使の条件

① 新株予約権者は、新株予約権の行使時において、当社の取締役（社外取締役を除く）、監査役（社外監査役を除く）、執行役員または従業員（当社就業規程第2条に定める社員）のいずれかの地位にあることを要する。ただし、当社関係会社に転籍して取締役会が認めた場合または取締役会が正当な理由があると認めた場合は、この限りではない。

② 新株予約権者は、次の事由のいずれかに該当することとなった場合、その後、本新株予約権を行使することができない。

　i 補助開始、保佐開始または後見開始の審判を受けた場合。

　ii 破産手続開始決定を受けた場合。

　iii 当社と競業関係にある会社（当社の関係会社を除く）の役員、使用人またはコンサルタントに就いた場合。但し、当社の取締役会において事前に承認された場合はこの限りでない。

　iv 法令または当社の社内規程等に違反するなどして、当社に対する背信行為があったと認められる場合。

　v 当社と新株予約権の割当てを受ける者との間で締結する新株予約権割当契約に違反した場合。

③ 本新株予約権の行使についてのその他の条件は、当社と新株予約権者との間で締結する新株予約権割当契約に定めるところによる。

④ その他の新株予約権の行使の条件は、取締役会決議により決定する。

（8）新株予約権の取得に関する事項

① 当社が消滅会社となる合併契約、当社が分割会社となる会社分割について

の分割契約もしくは分割計画、または当社が完全子会社となる株式交換契約もしくは株式移転計画について株主総会の承認（株主総会の承認を要しない場合には取締役会決議）がなされた場合は、当社は、当社取締役会が別途定める日の到来をもって、本新株予約権の全部を無償で取得することができる。

② 新株予約権者が権利行使をする前に、上記（7）②に定める規定により本新株予約権の行使ができなくなった場合は、当社は、当社取締役会が別途定める日の到来をもって、新株予約権を無償で取得することができる。

（9）その他の新株予約権の募集事項

その他の新株予約権の内容等については、新株予約権の募集事項を決定する取締役会において定める。

　行使条件については、現役の役職員であることや、退任した場合は円満な退社等取締役会の承認を得ることが必要とされている。なお、相続の可否については言及されていない。この他に、「その他の新株予約権の行使の条件は、取締役会決議により決定する」旨の包括的な委任条項が定められているが、登記上の取扱いとどう折り合いを付けているかについて、気になるところである。

（2）　有償ストック・オプション

［有償ストック・オプションの概要］

　「有償ストック・オプション」というスキームが開発されたことがある。前述したストック・オプションは、無償発行又は役員報酬債権を現物出資するスキームであることから、無償発行の場合は特に有利な価額による発行であるとして株主総会の特別決議が必要とされていた。そこで、発行に際して新株予約権の公正価格に相当する現金を払い込むことにより、特に有利な価額による新株予約権発行ではないと主張できるよう考案されたものである。

　このスキームについては、以下のようなメリットがあると主張されてい

る（ただし、当該解釈等が公的に裏付けられたものではないことに注意が必要である）。

- ・公正価格の払い込みにより取得された金融商品であるから、役員や従業員の報酬ではない
- ・役員報酬としての株主総会決議は不要である
- ・有価証券報告書の役員報酬欄への記載は不要である
- ・役員や従業員側では、税務上一時所得にあたる

【実例：大和ハウス工業株式会社】
●2016年5月13日付適時開示

　当社は、平成28年5月13日開催の当社取締役会において、会社法第236条、第238条及び第240条の規定に基づき、当社の取締役、執行役員及び従業員並びに当社子会社の取締役に対し、下記のとおり第2回新株予約権を発行することを決議いたしましたので、お知らせいたします。

　なお、本新株予約権は付与対象者に対して報酬として付与するものではなく、引受者の個別の投資判断に基づき引き受けが行われるものです。本件は新株予約権を引き受ける者に対して公正価格にて有償で発行するものであり、特に有利な条件ではないことから、株主総会の承認を得ることなく実施いたします。

記

Ⅰ．本制度の位置付け

　当社グループは、平成28年度から平成30年度までの3年間を期間とする「大和ハウスグループ第5次中期経営計画」を策定し、本日公表いたしました。本新株予約権は、第5次中期経営計画における業績目標の達成及び持続的な企業価値向上を目指すにあたっての株式インセンティブ制度の一環として当社グループ経営幹部を対象として発行するものです。

Ⅱ．新株予約権の募集の目的及び理由

当社は、平成25年度から平成27年度までの 3 年間を期間とした第 4 次中期経営計画におけるインセンティブプランとして第 1 回新株予約権を発行いたしました。業績向上による利益還元の視点に加えて株主価値を向上させる視点を共有しながらグループ役職員が団結して企業価値向上に取り組み、権利行使条件とした第 4 次中期経営計画の業績目標を達成(3 年間の営業利益累計額4,800億円の目標に対し5,870億円の実績)することができました。

　今回、新たな第 5 次中期経営計画においてさらなる高い目標に向かうにあたり、「Ⅲ．新株予約権の発行要項3．(6)新株予約権の行使の条件」に定めるとおり、新たな業績目標(3 年間の営業利益累計額8,000億円)を権利行使条件とした本新株予約権を有償にて発行するものです。

　なお、今回の新株予約権の発行は、発行済株式総数の0.4%未満であり、株式の希薄化への影響は合理的なものであると考えております。

Ⅲ．新株予約権の発行要項

1 ．新株予約権の数

　　24,500個

　　なお、本新株予約権を行使することにより交付を受けることができる株式の総数は、当社普通株式2,450,000株とし、下記3．(1)により本新株予約権にかかる付与株式数が調整された場合は、調整後付与株式数に本新株予約権の数を乗じた数とする。

2 ．新株予約権と引換えに払い込む金銭

　　本新株予約権 1 個あたりの発行価額は、5,700円とする。なお、当該金額は、第三者評価機関である株式会社プルータス・コンサルティングが、当社の株価情報等を考慮して、一般的なオプション価格算定モデルであるモンテカルロ・シミュレーションによって算出した結果を参考に決定したものである。

3 ．新株予約権の内容

(1)新株予約権の目的である株式の種類及び数

　　本新株予約権 1 個当たりの目的である株式の数(以下、「付与株式数」という。)

は、当社普通株式100株とする。（以下略）

（2）新株予約権の行使に際して出資される財産の価額または算定方法

　　　本新株予約権の行使に際して出資される財産の価額は、１株あたりの払込金額（以下、「行使価額」という。）に、付与株式数を乗じた金額とする。

　　　行使価額は、金3,017円とする。

　　　なお、当該金額は、発行価額等決定時の前取引日である平成28年５月12日の株式会社東京証券取引所における当社株式の普通取引の終値である金3,017円の100％としている。（以下略）

（3）新株予約権を行使することができる期間

　　　本新株予約権を行使することができる期間（以下、「行使期間」という）は、平成31年５月１日から平成34年３月31日までとする。

　　　ただし、当該権利行使開始日は、平成31年３月期決算短信公表日の翌営業日とする。

（4）増加する資本金及び資本準備金に関する事項（略）

（5）譲渡による新株予約権の取得の制限

　　　譲渡による本新株予約権の取得については、当社取締役会の決議による承認を要するものとする。

（6）新株予約権の行使の条件

　①　新株予約権者は、当社が第５次中期経営計画に掲げる業績目標（下記イ.参照）に準じて設定された下記ロ.に掲げる条件を達成した場合にのみ、各権利者に割り当てられた本新株予約権のうち、それぞれ定められた割合の個数を上記3.（3）の期間において行使することができる。

　　　また、営業利益の判定においては、当社の決算短信に記載された同期の連結損益計算書を参照するものとし、適用される会計基準の変更等により参照すべき営業利益の概念に重要な変更があった場合には、会社は合理的な範囲内において、別途参照すべき適正な指標を取締役会にて定めるものとする。

　　イ．当社第５次中期経営計画に掲げる営業利益の計画数値

1）平成29年3月期　営業利益2,550億円

2）平成30年3月期　営業利益2,650億円

3）平成31年3月期　営業利益2,800億円

※3年間累計の営業利益8,000億円

ロ．本新株予約権の行使に際して定められる条件と行使可能割合

(a) 平成29年3月期から平成31年3月期の営業利益の累計額が7,600億円を超過した場合

行使可能割合：30%

(b) 平成29年3月期から平成31年3月期の営業利益の累計額が7,800億円を超過した場合

行使可能割合：60%

(c) 平成29年3月期から平成31年3月期の営業利益の累計額が8,000億円を超過した場合

行使可能割合：100%

ただし、(a)(b)(c)のいずれの場合においても、平成29年3月期から平成31年3月期のいずれかの期の営業利益が、前期（平成28年3月期）の営業利益の実績である2,431億円を下回った場合、一切の行使は認められない。

② 新株予約権者は、新株予約権の権利行使時においては、当社または当社関係会社の役員または従業員であることを要しないものとする。ただし、新株予約権者が懲戒解雇等により退職するなど、本新株予約権を保有することが適切でないと取締役会が判断した場合には、本新株予約権を行使できないものとする。

③ 新株予約権者が死亡した場合、新株予約権者の法定相続人の内1名（以下、「権利承継者」という。）に限り、新株予約権者の権利を相続することができる。なお、権利承継者が死亡した場合、権利承継者の相続人は新株予約権を相続できない。

④ ⑤（略）

4．新株予約権の割当日

　　平成28年7月5日

5〜10.（略）

　同社の場合、新株予約権の発行に際しての払込価格が公正価格となっていること以外、新株予約権の内容や対象者については、他社とほとんど変わらない。また、行使条件については業績に連動して行使可能な比率が定められる等、詳細な内容となっている。

　同社の2016年3月期有価証券報告書において、有償ストック・オプションは、新株予約権の欄に詳細に記載されている一方、役員報酬欄には記載がなかった（業績連動型株式報酬については、株式交付信託のみ記載されていた）。

　その一方で、同社は、東京証券取引所において開示されるコーポレート・ガバナンスに関する報告書において、役員に対するインセンティブとしてこのスキームを開示していた。

[スキームの不安定さと現況]

　前述のとおり、有償ストック・オプションは、金融商品と同様の外形を有しているものの、実質的には役員や従業員に対する報酬の一種と解されており、有償ストック・オプション導入者の主張について疑問が呈されるようになった。

　そして、2018年1月12日に企業会計基準委員会から「実務対応報告第36号 従業員等に対して権利確定条件付き有償新株予約権を付与する取引に関する取扱い」が公表された。内容は以下のとおりである。

●範　囲

2．本実務対応報告は、概ね次の内容で発行される権利確定条件付き有償新株予約権を対象とする。

（1）企業は、従業員等を引受先として、新株予約権の募集事項（募集新株予約権の内容（行使価格、権利確定条件等を含む。）及び数、払込金額、割当日、払込期日等）を決議する。当該新株予約権は、市場価格がないものを対象とする。

（2）募集新株予約権には、権利確定条件として、勤務条件及び業績条件が付されているか、又は勤務条件は付されていないが業績条件は付されている。

（3）募集新株予約権を引き受ける従業員等は、申込期日までに申し込む。

（4）企業は、申込者から募集新株予約権を割り当てる者及びその数を決定する。割当てを受けた従業員等は、割当日に募集新株予約権の新株予約権者となる。

（5）新株予約権者となった従業員等は、払込期日までに一定の額の金銭を企業に払い込む。

（6）新株予約権に付されている権利確定条件が満たされた場合、当該新株予約権は行使可能となり、当該権利確定条件が満たされなかった場合、当該新株予約権は失効する。

（7）新株予約権者となった従業員等は、権利行使期間において権利が確定した新株予約権を行使する場合、行使価格に基づく額を企業に払い込む。

（8）企業は、新株予約権が行使された場合、当該新株予約権を行使した従業員等に対して新株を発行するか、又は自己株式を処分する。

（9）新株予約権が行使されずに権利行使期間が満了した場合、当該新株予約権は失効する。

●用語の定義

3.（略）

●会計処理

4. 従業員等に対して本実務対応報告の対象となる権利確定条件付き有償新株予約権（本実務対応報告第2項参照）を付与する場合、当該権利確定条

件付き有償新株予約権は、ストック・オプション会計基準第２項（2）に定めるストック・オプションに該当するものとする。

　ただし、権利確定条件付き有償新株予約権が従業員等から受けた労働や業務執行等のサービスの対価（ストック・オプション会計基準第２項（4））として用いられていないことを立証できる場合、当該権利確定条件付き有償新株予約権は、ストック・オプション会計基準第２項（2）に定めるストック・オプションに該当しないものとし（ストック・オプション会計基準第16項（7）及び第29項）、（以下略）

　要するに、有償ストック・オプションは、原則として役職員に対する報酬であるストック・オプションと同様の会計処理を行うものとし、例外として、権利確定条件付き有償新株予約権が従業員等から受けた労働や業務執行等のサービスの対価として用いられていないことを立証できる場合は、報酬として取り扱わないこととしたものである。

　詳細な解説はここでは行わないが、会計上は、ストック・オプションの公正価格の払い込みを現金で行ったとしても、その実態が報酬か否かによって取扱いが決められることとされたのである。そして、その影響が法的な解釈にも及んだのかどうかは不明であるが、その後有償ストック・オプションが流行しているという話は聞かない。実際、前述した大和ハウスは、2016年を最後に有償ストック・オプション制度を取りやめ、他の株式報酬制度を採用している。

（3）　譲渡制限付株式報酬（RS：Restricted Stock）

　株式報酬は、役員が株式を譲渡せずに、中長期的な事業計画に応じて、又は退職まで保有することにより、株価上昇のインセンティブを持つように考案されている。

　本来、上場会社の株式は譲渡が自由である。しかし、役員の株式を報酬として交付しても、自由に譲渡されてしまえば、役員に株価上昇のインセ

ンティブがなくなり、業績連動報酬として機能しなくなってしまう。

そこで、株式を報酬として付与するが、一定期間、又は退職までの期間、株式を譲渡できないようにする制度が考えられた。役員は、譲渡制限期間内に株価が上昇すれば、その分だけ報酬が増加することになる一方、株価が下落すれば報酬が減少することになる。

以前は役員報酬目的での新株発行や自己株式処分が容易でないことを理由として実施されていなかったが、実務解釈と会社法の改正により役員報酬としての新株発行や自己株式の処分が容易になったことから、この報酬制度を導入する会社が少しずつ増えている。

なお、一定の業績要件により譲渡制限を解除するか、譲渡制限を解除しないまま没収するという業績連動型の譲渡制限付株式報酬制度もある。この場合、一定の目標を達成しない限り譲渡制限が解除されずに株式は会社に無償取得（没収）されることになる。この方法は、日本では、損金算入が一切認められないので、損金算入が認められていた一時期を除いて、採用する会社はあまり見られない。

実際には、一定の期間が経過すれば譲渡制限は解除されるが、任期途中で円満ではない退任等の理由により取締役会の承諾を得られなかった場合等には会社が当該譲渡制限株式を無償で取得し、実質的に役員に報酬を支給しないという仕組みが設けられることが多い。

では、譲渡制限株式の譲渡制限はどのように行われているのだろうか。種類株式を利用する方法もあり得るが、現代の日本では、定款変更等が必要で制度設計を自由に変更できないため、採用されていない。その代わり、株券が電子化されて証券会社に口座を開設しなければならないことを利用し、会社と役員と証券会社が三者で契約することで一定期間役員が譲渡できないように実質的な譲渡制限をかけている。また、条件達成が不可能となった場合に会社が没収できるよう、一定の場合は会社が無償で株式を取得できることも契約内容としている。

　当社の取締役の報酬等の額は、2007年6月25日開催の第37回定時株主総会において、年額700百万円以内(ただし、使用人分の給与は含まない。)とご承認いただいております。また、2019年3月15日開催の第49回定時株主総会においては、上記取締役の報酬等の額とは別枠で、当社の取締役(社外取締役を除く)に対するストックオプションに関する報酬等の額を年額150百万円以内としてご承認いただいております。

　今般、当社は、役員報酬制度の見直しの一環として、当社の取締役(社外取締役を除く。以下「対象取締役」という。)に当社の企業価値の持続的な向上を図るインセンティブを与えるとともに、株主の皆様との一層の価値共有を進めることを目的として、上記の報酬枠とは別枠にて、対象取締役に対して、新たに譲渡制限付株式の付与のための報酬を支給することとしたいと存じます。

　本議案に基づき、対象取締役に対して譲渡制限付株式の付与のために支給する報酬は金銭債権とし、その総額は、年額150百万円以内(ただし、使用人兼務取締役の使用人分給与を含まない。)といたします。また、各対象取締役への具体的な支給時期及び配分については、取締役会において決定することとし、執行役員についても同様に取締役会で決定の後に支給を予定としております。

　なお、現在の取締役は9名(うち社外取締役3名)でありますが、第2号議案「取締役9名選任の件」及び第7号議案「取締役2名選任の件」が原案どおり承認可決されますと、取締役は11名(うち社外取締役5名)となります。

　また、対象取締役は、当社の取締役会決議に基づき、本議案により支給される金銭債権の全部を現物出資財産として払込み、当社の普通株式について発行又は処分を受けるものとし、これにより発行又は処分をされる当社の普通株式の総数は年30,000株以内(ただし、本議案が承認可決された日以降、当社の普通株式の株式分割(当社の普通株式の無償割当てを含む。)又は株式併合が行われた場合その他譲渡制限付株式として発行又は処分をされる当社の普通株式の総数の調整が必要な事由が生じた場合には、当該総

数を、合理的な範囲で調整する。)といたします。

　なお、その１株当たりの払込金額は各取締役会決議の日の前営業日における東京証券取引所における当社の普通株式の終値(同日に取引が成立していない場合は、それに先立つ直近取引日の終値)を基礎として当該普通株式を引き受ける対象取締役に特に有利な金額とならない範囲において、取締役会において決定します。また、これによる当社の普通株式の発行又は処分並びにその現物出資財産としての金銭債権の支給に当たっては、当社と対象取締役との間で、以下の内容を含む譲渡制限付株式割当契約(以下「本割当契約」という。)を締結することを条件とします。また、本議案における報酬額の上限、発行又は処分をされる当社の普通株式の総数その他の本議案に基づく対象取締役への譲渡制限付株式の付与の条件は、当社における対象取締役の貢献度等諸般の事項を総合的に勘案の上で、経営委員会に諮った後に取締役会において決定することとしており、その内容は相当なものであると考えております。

【本割当契約の内容の概要】

（１）譲渡制限期間

対象取締役は、本割当契約により割当を受けた日より当社の役職員の地位のうち当社の取締役会が予め定める地位を退任直後の時点までの間 (以下「譲渡制限期間」という。)、本割当契約により割当を受けた当社の普通株式 (以下「本割当株式」という。) について、譲渡、担保権の設定その他の処分をしてはならない (以下「譲渡制限」という。)。

（２）退任時の取扱い

対象取締役が当社の取締役会が予め定める期間 (以下「役務提供期間」という。) の満了前に当社の役職員の地位のうち当社の取締役会が予め定める地位を退任した場合には、その退任につき、任期満了、死亡その他の正当な理由がある場合を除き、当社は、本割当株式を当然に無償で取得する。

（３）譲渡制限の解除

当社は、対象取締役が、役務提供期間中、継続して、当社の役職員の地位のうち当社の取締役会が予め定める地位にあったことを条件として、本割当株式の全部

について、譲渡制限期間が満了した時点をもって譲渡制限を解除する。ただし、①当該対象取締役が正当な理由により、役務提供期間が満了する前に当社の役職員の地位のうち当社の取締役会が予め定める地位を退任した場合、又は、②当該対象取締役が役務提供期間の満了後においても、譲渡制限期間の満了前に正当な理由以外の理由により、当社の取締役会が予め定める地位を退任した場合には、譲渡制限を解除する本割当株式の数及び譲渡制限を解除する時期を、必要に応じて合理的に調整するものとする。また、当社は、上記の定めに従い譲渡制限が解除された直後の時点において、なお譲渡制限が解除されていない本割当株式を当然に無償で取得する。

（4）組織再編等における取扱い

上記（1）の定めにかかわらず、当社は、譲渡制限期間中に、当社が消滅会社となる合併契約、当社が完全子会社となる株式交換契約又は株式移転計画その他の組織再編等に関する事項が当社の株主総会（ただし、当該組織再編等に関して当社の株主総会による承認を要さない場合においては、当社の取締役会）で承認された場合には、当社の取締役会の決議により、譲渡制限期間の開始日から当該組織再編等の承認の日までの期間を踏まえて合理的に定める数の本割当株式について、当該組織再編等の効力発生日に先立ち、譲渡制限を解除する。また、当社は、上記に定める場合、譲渡制限が解除された直後の時点において、譲渡制限が解除されていない本割当株式を当然に無償で取得する。

（5）その他の事項

本割当契約に関するその他の事項は、当社の取締役会において定めるものとする。

　富士ソフトがストック・オプション(72頁参照)と並行して導入した譲渡制限付株式報酬の内容である。富士ソフトは、当該譲渡制限付株式報酬制度を導入すると同時に役員退職慰労金制度を廃止しているためか、退任までを譲渡制限期間とし、実質的な退職慰労金としている。すなわち、株価変動型の退職金と理解することも可能である。

ストック・オプションと異なり、譲渡制限付株式報酬においては、交付する株式自体は普通株式であることから、譲渡制限に関する取締役との契約内容の説明となる。また、新株予約権と異なり株式の内容については変化しないことから、特段登記事項を意識することはない。

【実例：横河電機株式会社】

　横河電機は、一時期だけ損金算入が認められた業績条件付譲渡制限株式を発行した。その詳細は以下のとおりである。

●2018年3月期　有価証券報告書

> (iii)－2　中期経営計画 TF 2017における「譲渡制限付株式報酬制度」について
> 　中長期インセンティブにつきましては、平成28年6月23日開催の第140回定時株主総会において、取締役に当社の企業価値の持続的な向上を図るインセンティブを与えるとともに取締役と株主の皆様との一層の価値共有を進めることを目的とする普通株式（以下「当社株式」）を活用した譲渡制限付株式報酬制度を導入することをご承認いただきました。本制度においては当社の中期経営計画と連動し、中期経営計画初年度において達成期間（原則として3年）に相応した当社株式を一括支給することになります。当社役員に割り当てられる当社株式の数は、役位ごとに定められた報酬額を、割当日前日の当社株価終値等の公正妥当な株価で除して算出することにより決定します。当該株式の譲渡制限は、下記記載の当社の中期経営計画の達成度に応じた譲渡制限解除条件にて解除され、譲渡制限が解除されなかった株式は無償で会社に返還することとしています。
>
> 　中期経営計画 TF 2017につきましては、譲渡制限付株式報酬制度をご承認いただいた時点で、すでに2事業年度目となっていたことから、達成期間を2年間とし、平成28年度9月に譲渡制限付株式報酬として、2事業年度分相当として総額3億46百万円の当社株式を一括支給しています。

業績条件付譲渡制限株式の仕組み自体は非常に単純で、以下のとおりである。

- 譲渡制限契約を締結して株式を交付し、その株式は証券口座により譲渡が制限される
- 一定期間経過後に一定の業績を達成した場合、達成した業績に応じて株式の譲渡制限が解除される
- 該当期に業績条件を達成できなかったときは、会社が自己株式として無償で取得することにより、役員は会社に株式を返還する（ただし、受け取った配当金の返還は要しないと解される）

譲渡制限解除を期間によってのみ設ける場合は、数年後あるいは退職時に譲渡制限が解除されるが、業績条件付譲渡制限株式の場合は、一定期間経過後の業績解除条件が満たされるかどうかで譲渡制限が解除されるか、会社が自己株式として返還を受けるかが決まることになる。

〈業績達成による譲渡制限解除条件〉

　TF 2017終了時（2018年3月期決算、第142期）に係る有価証券報告書に記載された連結自己資本利益率（ROE）（以下「実績ROE」）が「実績ROE」欄記載の各値に該当する場合、当該値に対応する「解除率」欄記載の割合を割当株式数に乗じた株数（ただし、計算の結果単元株未満の端数が生ずる場合には、これを切り捨てるものとする。）

実績 ROE	解除率
8% 以下	0%
8% 超、11% 未満	（実績ＲＯＥ×100-8）／3×25%
11% 以上、14% 未満	(50+（実績ＲＯＥ×100-11）／3×50) %
14% 以上	100%

　なお、業績連動報酬は社外取締役を除く取締役及び執行役員を対象としています。これは、業務執行から独立した立場にある社外取締役には業績連動報酬は相

> 応しくないため、固定報酬のみ支給するという考え方であり、同様に非業務執行
> の取締役についても固定報酬のみの支給としています。

　業績条件については、シンプルな仕組みとなっている。個別の取締役に
ついての業績要件はなく、会社業績のみによって決定され、そのKPIは
1年間のROEのみとされた。ROEが8％を割った場合は譲渡制限が解
除されず、全て会社が取得することになる。一方、ROEが14％以上であ
れば譲渡制限株式の全てについて譲渡制限が解除されることになる。そし
て、8％超11％未満の場合は、譲渡制限が解除される株式は半分以下、
11％以上14％未満の場合は、半分以上で、ROEに従って漸増する仕組み
となっている。

　なお、この仕組みは税制改正により損金算入できなくなったことにより
廃止されたが、同様の業績条件が設定されたパフォーマンス・シェア・ユ
ニット制度が代わりに設けられた。

（4）　業績連動型株式報酬（PS：Performance Share）

　この報酬は、一定の業績目標を定め、その達成度に応じて、金銭ではな
く、株式を賞与として支給する制度である。多くの会社では、一定の株式
と金銭をひとかたまりとした「ユニット」を作り、役職ごとにユニットの口
数とKPIを定め、所定の期間後にKPIの達成度に応じてユニットに
沿って金銭と株式を付与する制度である。

　以前は役員報酬目的での新株発行や自己株式処分が容易でないことを理
由として実施されていなかったが、実務解釈と会社法の改正により役員報
酬としての新株発行や自己株式の処分が容易になったことから、この報酬
制度を導入する会社が少しずつ増えている。

【実例：横河電機株式会社】

●2018年3月期 有価証券報告書

（ⅲ）－3　中期経営計画TF 2020における「パフォーマンス・シェア・ユニット制度」について

　中長期インセンティブにつきましては、平成30年（2018年）6月26日開催の第142回定時株主総会において、上述の譲渡制限付株式報酬制度に代えて、社外取締役以外の取締役（以下「対象取締役」）に当社の企業価値の持続的な向上を図るインセンティブを適時かつ的確に与えるとともに、対象取締役の報酬と当社の業績との連動性をより明確に一致させることにより、取締役と株主の皆様との一層の価値共有を強固なものにすることを目的として、新たな業績連動型株式報酬制度として、パフォーマンス・シェア・ユニット制度（以下「本制度」）を導入することをご承認いただきました。

　本制度は、対象取締役に対し、中期経営計画が対象とする期間（以下「本対象期間」）における、本制度に係る当該対象取締役の報酬額として、本対象期間の最終事業年度における当社の連結自己資本利益率（連結ROE）等の達成度（以下「業績目標達成条件」）に応じて、当社株式を交付するとともに、金銭を支給する業績連動型株式報酬制度です。

　当初の本制度の対象期間は、平成30年度（2018年度）から平成32年度（2020年度）までの3カ年の中期経営計画TF 2020が対象とする期間となります。また、対象取締役は5名となります。

本制度の導入により、上述の譲渡制限付株式報酬制度は廃止されましたので、以後、譲渡制限付株式報酬制度にもとづく取締役への譲渡制限付株式の付与は行いません。

　当社は、本対象期間終了後、最初に到来する定時株主総会の開催日から2カ月以内に開催される取締役会決議にもとづき、本対象期間中において対象取締役が退任または役位を異動した場合の取扱い等対象となる中期経営計画におい

て当社取締役会があらかじめ設定したその他要件を前提とし、対象取締役の役位毎に定められる株式報酬基準額（以下「役位別株式報酬基準額」）に、業績目標達成条件に応じて当社取締役会があらかじめ設定した係数（以下「支給率」）を乗じて、各対象取締役毎の報酬基準額（以下「個別報酬基準額」）を決定します。支給率は下表のとおりです。

実績ＲＯＥ	支給率
8% 以下	0%
8% 超、11% 未満	（実績ＲＯＥ×100-8）／3×25%
11% 以上、14% 未満	（50＋（実績ＲＯＥ×100-11）／3×50)）%
14% 以上	100%

　横河電機は、業績条件付譲渡制限付株式報酬(89頁参照)を廃止し、代わりにパフォーマンス・シェア・ユニットを導入している。その業績条件は、前述の業績条件付譲渡制限株式と全く変わらない。

　譲渡制限付株式報酬との差異は、譲渡制限付株式報酬の場合は、株式を交付されると配当を受領でき株主総会での議決権を有するが、パフォーマンス・シェア・ユニットの場合、ユニットを交付された後実際に株式が交付されるまでの間は、株式ではなく契約上の「〇口」のユニットを保有しているに過ぎないことから、配当金は受領できず、議決権も有しないことになる。

　当社は、各対象取締役に対し個別報酬基準額の60%に相当する金額を当社株式の払込金額で除した数(ただし、100株未満を切り捨てます。)に相当する当社株式を交付します。当社が当社株式を交付する場合、当社は、対象取締役に対して交付する株式数に払込金額を乗じた金額(以下「本払込金銭債権額」)の金銭報酬債権を付与し、対象取締役は、これを現物出資の方法で給付することにより、当社株式の交付を受けるものとします。上記の当社株式の払込金額は、株式の割当てを決定した取締役会開催日の前営業日の東京証券取引所における当社株式の終値(同日に取

引が成立していない場合は、それに先立つ直近取引日の終値)等、払込期日における当社株式の公正な価格とします。

　また、当社は、各対象取締役に対し、個別報酬基準額の40%に相当する金額(以下「本金銭支給報酬額」)を金銭として支給します。さらに、対象取締役が非居住者の場合には、当該対象取締役に対しては、居住者と同様の方法で株式を交付するものとして算定した本払込金銭債権額と本金銭支給報酬額の合計額を金銭として支給します。

　以上のとおり、本制度は、上述の譲渡制限付株式報酬制度とは異なり、対象取締役への当社株式の交付及び金銭の支給は、原則として対象期間終了後に、業績目標達成条件等に応じて行われますので、同制度の導入時点では、各対象取締役に対して当社株式の交付及び金銭の支給を行うかどうか、並びに、行う場合に交付する当社株式及び支給する金銭の額は確定しておりません。

　そして、このパフォーマンス・シェア・ユニットについては、60%を金銭債権として付与の上、当該債権を現物出資することにより取締役が株式を報酬として受領する。

　残りの40%については、金銭として支給することとなっている。その理由は、以下のように考えられる。パフォーマンス・シェア・ユニットについては、会社としては一定の要件を満たせば損金算入が可能であるが、役員側としては、所得として課税される。すると、退任までの譲渡制限やインサイダー取引との関係で株式の譲渡が困難な場合や手元の金銭が十分でない場合には十分な資金を確保できず、納税が容易ではなくなる。特に、退任する役員は、翌年の固定報酬が会社から支給されなくなることから、より手元資金の問題が深刻になる。

　そこで、パフォーマンス・シェア・ユニットの一部を金銭報酬(平たくいえば賞与)として支給し、納税に対応できるようにすることで、こうした問題を回避している(従前は、役員退職慰労金や役員報酬に対する所得税の納税のために報酬のある顧問・相談役を1年程度務めるという実例が多かったが、こうしたパ

フォーマンス・シェア・ユニットの柔軟な対応(信託型のパフォーマンス・シェアでも対応可能)により、住民税支払いの塡補目的での顧問・相談役制度の存在意義は薄れてきている)。

> さらに、本制度では、重大な不正会計または巨額損失が発生した場合、対象取締役に対し、本制度に係る報酬額として交付した当社株式及び支給した金銭の全部または一部に相当する金額を無償で返還請求できるクローバック条項を設定しています。

　更に、重大な不正会計や巨額損失が発生した場合のクローバックを設定し、業績連動報酬とセットとして株主の信頼を確保するよう配慮している。

　このクローバック条項が発動される事態として重大な不正会計や巨額損失が列挙されているものの、メーカーにおいて近時問題視されている品質偽装関連の不祥事については対象となっていないことが気になるところである。しかし、品質問題が発生した場合巨額の損失が発生する可能性があることや、そもそも業績連動報酬のKPIとなるROEが重大な不正会計により虚偽となった場合に返還を求めることから、その仕組みは、まさにクローバックの趣旨とも解されよう。

【実例：株式会社バンダイナムコホールディングス】

●第17回定時株主総会招集ご通知

（ご参考）第5号議案および第7号議案（本議案）が原案どおり承認可決されますと、取締役（監査等委員である取締役および社外取締役を除く）報酬の全体像は以下のとおりとなります。

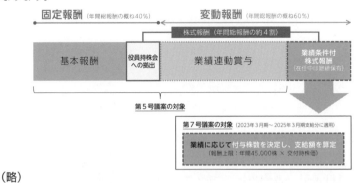

（略）

　本制度は、対象取締役の役割等に応じて、あらかじめ設定した基準株式ユニット数を基礎とし、本中期計画における各事業年度（以下、「評価対象事業年度」といいます。）における当社連結営業利益の目標達成状況に応じて確定した支給株式ユニット数に応じた、当社普通株式および金銭が対象取締役に交付または支給される仕組みです。支給株式ユニット数は業績結果によってのみ確定し、連結営業利益が750億円以上となった場合にのみ支給され、その後、連結営業利益が1,250億円（本中期計画の最終年度目標）に達するまで支給株式ユニット数が逓増する設計といたします。かかる設計とすることで、株価の変動をストレートに報酬に反映していくことが可能となります。また、支給の有無および支給株式ユニット数は、評価対象事業年度ごとの業績結果に基づき判定いたします。ただし、上記にかかわらず、当社取締役が、当社グループの事業統括会社である株式会社バンダイナムコエンターテインメント（以下、「BNE社」といいます。）、株式会社バンダイ（以下、「BC社」といいます。）、株式会社バンダイナムコフィルムワークス（以下、「BNF社」といいます。）および株式会社バンダイナムコアミューズメント（以下、「BNAM社」といいま

す。)の４社の代表取締役社長を兼任する場合は、当該兼任する会社において担当する事業の評価対象事業年度における営業利益が赤字であった場合、業績条件付株式報酬は支給されないものといたします。

　また、現行制度と同様に、本制度により交付する当社普通株式については、取締役等在任中における株主の皆さまとの価値共有を継続的に担保するため、取締役等在任中の売却を制限し、退任時まで継続的に保有するものといたします。そのため、対象取締役への当社普通株式の交付時に生じる納税資金への充当を可能にすべく、確定した支給株式ユニット数の一部については、交付時株価で換価した金銭による支給といたします。

　ここで、報酬制度全体の説明を行っている。一定の連結営業利益を会社全体で計上できなければ業績連動報酬が支給されないという、プロフィット・シェアリング型を採用しつつも、自らが管掌する事業部門(純粋持株会社のため、代表取締役の兼任となる)が赤字の場合は支給されないという、マイナス要素のみターゲット型を採用している。取締役にとってはあまり優しくないが、株主にとっては株価が上がり利益や配当が増える可能性が高まるので、報酬を増やしても十分メリットはある、という報酬制度となっている。

（1）本制度の概要

　　本制度は、対象取締役に対して、評価対象事業年度ごとに、連結営業利益の目標達成度に応じて、当社普通株式（※）および金銭（以下、「当社株式等」といいます。）を交付または支給する制度です。連結営業利益が750億円以上となった場合にのみ当社株式等が交付または支給され、連結営業利益の実績に応じて支給率が逓増しますが、本中期計画の最終年度目標値である1,250億円に達した場合に支給率が支給上限の100％となるものとします（支給率の計算において小数点第二位以下の端数が生じた場合は切り上げとなります。）。

　　（※）本制度における当社普通株式の交付の方法当社は、対象取締役に対して、

報酬として金銭報酬債権を支給し、対象取締役が当該金銭報酬債権を現物出資財産として払い込むことにより、当社普通株式の交付を受けることとなります。ただし、対象取締役が日本非居住者の場合は、当社普通株式の交付に代えて、確定した株式ユニット数の全部を交付時株価で換価した金額が金銭で支給されることとなります。

（2）対象取締役に対して交付または支給する当社株式等の数ならびに当社株式等の総額の算定方法

　　対象取締役について、あらかじめ定められた基準株式ユニット数を算定の基礎とし、以下の算式に基づき、評価対象事業年度における当社連結営業利益の額に応じて交付または支給する当社普通株式の数と金銭の額を算定します。

①対象取締役各人に交付する当社普通株式の数

　支給株式ユニット数×50%（ただし、100未満の端数が生じた場合は切り上げ）

　（注1）支給株式ユニット数＝あらかじめ定められた基準株式ユニット数（※1）
　　　　×評価対象事業年度に係る当社連結営業利益に応じた割合（支給率）（※2）

　　　　（ただし、100未満の端数が生じた場合は切り捨て）

　（注2）実際に対象取締役に支給されるのは、（1）（※）のとおり、当社普通株式の交付に際して現物出資財産として払い込むための、上記当社普通株式の数に交付時株価（※3）を乗じた額に相当する金銭報酬債権となります。

②対象取締役各人に支給する金銭の額

　（支給株式ユニット数－上記①で算定される数）×交付時株価

（※1）対象取締役各人の役割・職責に基づきあらかじめ定めるものとします。

（ご参考）2023年3月期における対象取締役の基準株式ユニット数は、第3号議案が原案どおり承認可決されますと、下表のとおりとなります。なお、当社取締役が、当社グループの事業統括会社であるBNE社、BC社、BNF社、およびBNAM社の4社、または株式会社バンダイナムコビジネスアーク（以下、「BNBA社」といいます。）の代表取締役社長を兼任する場合は、当該各事業統括会社またはBNBA社の代表

取締役社長としての基準株式ユニット数を適用します。また、複数の事業統括会社またはBNBA社の代表取締役社長を兼任する場合は、対応する基準株式ユニット数のうちいずれか最も高い数を適用します。これらの兼任が生ずる場合においては、あらかじめ定めたところにしたがい、当該兼任が生じている各事業統括会社またはBNBA社が当該対象取締役に対して、報酬として金銭報酬債権および金銭を支給します。ただし、当該各事業統括会社の代表取締役社長を兼任する当社取締役は、当該兼任する会社において担当する事業の評価対象事業年度における営業利益が赤字であった場合、当該兼任する会社から業績条件付株式報酬としての金銭報酬債権および金銭の支給を受けられないものといたします。

（基準株式ユニット数）

	当社	BNE社	BC社	BNF社	BNAM社	BNBA社
代表取締役社長	9,900	8,900	8,900	5,900	5,900	3,700
取　　締　　役	4,900	−	−	−	−	−

（※2）連結営業利益が750億円に達しない場合は支給しないこととし、連結営業利益が1,250億円以上の場合に100%支給されるものとします。具体的な支給率の決定方法は以下のとおりです。

ただし、各事業統括会社の代表取締役社長を兼任する当社取締役は、当該兼任する会社において担当する事業の評価対象事業年度における営業利益が赤字であった場合、業績条件付株式報酬は支給されないこととなります。

連結営業利益	支給率
750億円未満	0%
750億円以上1,250億円未満	[100×1/3＋{(連結営業利益の額（億円）−750億円）÷1億円÷5}×2/3]% （ただし、小数点第二位以下の端数が生じた場合は切上げ）
1,250億円以上	100%

（以下略）

ここでは、パフォーマンス・シェアの具体的な算定方法を明確にしている。特に、上限を定め、役職ごとに一義的に定める等(事業子会社の代表取締役と持株会社の取締役の2区分しかない)、損金算入を強く意識しているものと推察される。

　また、実際に支給された株式数と株価を代入して計算をすれば、どの取締役がいくらのパフォーマンス・シェアを得たかが判明する可能性が高く、実質的には個別報酬開示に相当近づいているものといえよう。

（3）対象取締役に対する当社株式等の交付または支給の要件

　本制度においては、評価対象事業年度が終了し、対象取締役が以下の要件を満たした場合に当社株式等を交付または支給するものとします。

　交付または支給する当社株式等の数については、評価対象事業年度に係る定時株主総会から2カ月以内に開催される本制度に係る当社普通株式の交付のための取締役会で決定するものとします。

①　評価対象事業年度末まで取締役等として在任したこと

②　一定の非違行為がなかったこと

③　取締役会が定めたその他必要と認められる要件

　なお、当社は2021年3月16日開催の取締役会において取締役の個人別の報酬等の内容に係る決定方針を定めていますが、当社が監査等委員会設置会社に移行し、第5号議案「取締役(監査等委員である取締役を除く)の報酬限度額の決定の件」、第6号議案「監査等委員である取締役の報酬限度額の決定の件」、および本議案が原案どおり承認可決されることを条件として、38頁～39頁に記載のとおり変更することを予定しております。

　本議案に基づく本制度は、当該方針に沿うものであり、株主の皆さまとの価値共有をはかり、持続的に企業価値の向上を促していくものとして相当であると判断しております。

　業績連動報酬付与の条件は、在任と非違行為がないこと等比較的絞られ

ているが、取締役会に委任する包括的な条件も盛り込まれており、その具体的な内容が気になるところである。

（5）　役員持株会型報酬

　比較的古くから導入されている株式報酬制度として、役員持株会型の報酬がある。

　その仕組みはシンプルであり、以下のとおりである。

> ・対象となる役員は、役員持株会に加入する
> ・会社は、通常の固定報酬に上乗せして、株式取得分の報酬を金銭で役員に支払う
> ・株式取得分の報酬は天引きして役員持株会に拠出する
> ・役員の持株会持分が増加する
> ・拠出金が単元に達した場合は、役員持株会から役員個人に名義変更がなされる（譲渡制限を行わないこともあるが、インサイダー取引との関係上、譲渡は困難）
> ・名義変更された株式については、有価証券報告書等の役員の保有株式数に反映される

　このスキームでは、法形式上は固定報酬であり、税務上は定期同額給与の一環であるが、その使途を役員持株会への拠出金に限定して、実質的な株式報酬とするものである。役員としては、保有株式数が増加するため、株主とのSame Boatを意識し、株主・投資家への開示もSame Boatを強調できること、コストが低いこと、税制上損金算入が確実であること等の多くのメリットがある。

　しかし、株価が高い時期に取得してその後株価が下落すると役員の資産減少のダメージが大きい（株主と同じ痛みを分かち合うというメリットとも解することはできる）、1回の拠出上限額が100万円未満である、株価が安いほど

役員の持株数が増加するという逆インセンティブが働くといったデメリットもある。

　そのため、役員持株会への加入は任意とする会社が多く、役員持株会型報酬を導入している会社は少数である。

　制度を導入する場合は、役員報酬規程において以下の要素を盛り込む必要がある。

・一定金額の持株会拠出の義務化

・持株会拠出金が天引きされることの承諾

・在任中の継続保有と退任後一定期間の売却禁止

　そして、役員持株会の規程において、拠出金額の上限、単元を満たした際の名義変更、拠出金額変更のルール（インサイダー取引規制に抵触しないよう）等を定めておく必要がある。

【実例：三菱倉庫株式会社】
●2022年3月期 有価証券報告書

①役員の報酬等の額又はその算定方法の決定に関する方針に係る事項

（略）

・基本報酬の個人別の報酬等の額、並びに業績連動報酬及び非金銭報酬の内容及び額又は数の算定方法の決定に関する方針（報酬等を与える時期又は条件の決定に関する方針を含む。）

　取締役の報酬等については、各職責や世間水準を踏まえた額とし、基本報酬、業績連動報酬及び株式報酬で構成する。

　基本報酬は月例の固定報酬として、株主総会で定められた報酬枠の範囲内で各役位に応じて支給する。

　業績連動報酬は、社外取締役を除く取締役を対象とする賞与とし、基本報酬

と共通の報酬枠の範囲内で前年度の業績指標に応じて定めた金額を、毎年、一定の時期に支給する。業績指標は、経常的な経営活動全般の利益を表し、定量的な指標として適当と考えられる営業利益、経常利益及び資本の効率性を示す指標として適当と考えられる ROE（自己資本利益率）とし、前年度業績水準に応じて金額を定めた算定表に基づく額を基本として決定する。また、個人別に設定された課題への取組みに対する評価によって一定程度の加算・減算を行うことができる。

株式報酬は、当社の企業価値の持続的な向上を図るインセンティブを付与するとともに、株主と一層の価値共有を進めることを目的として、当該目的を踏まえ相当と考えられる金額を、基本報酬と共通の報酬枠の範囲内で、社外取締役を除く取締役を対象に、当社の取締役その他当社の取締役会で定める地位を退任又は退職する時まで処分することを認めない譲渡制限付株式報酬付与のための報酬として毎年、一定の時期に支給する。

・金銭報酬の額、業績連動報酬の額又は非金銭報酬の額の取締役の個人別の報酬等の額に対する割合の決定に関する方針

個人別に支給される各報酬の割合が、役位毎に期待される職責に応じた適切なインセンティブとなるよう考慮して、各報酬等の個人別支給額を決定する。

なお、中長期的な業績と連動させる観点から、月例報酬及び賞与から各役位に応じて設定された額以上を拠出し、役員持株会を通して自社株式購入に充てることとし、購入した株式は在任期間中及び退任後1年間はその全てを保有することとする（下線筆者）。

三菱倉庫では、役員持株会を通じた自社株購入を報酬制度として設け、その譲渡を退任後1年間まで制限している。基準額は開示されておらず、金額も固定金銭報酬の中に合算されており、見落としやすいが、譲渡制限付株式報酬と並行して導入していることが注目される。

（6）　信託型報酬

　株式報酬の仕組みを設計する際に、信託を組み込んだ報酬制度がある。信託財産を組成する信託銀行により、BIP 信託、役員株式給付信託（BBT）、RS 信託と呼称が異なっている。

［信託型報酬導入の経緯］

　株式報酬に際して信託が利用されるようになった経緯には、譲渡制限付株式報酬を、種類株を使用せずに導入しようとしたことがあると思われる。上場会社であれば、種類株式を用いない限り株式は譲渡自由であり、報酬として株式を支給すれば、証券口座は役員個人が管理することから譲渡制限は会社と役員だけの契約に過ぎず、制限違反を止められないという現状があった。また、譲渡制限を解除せずに会社が回収することも、当該役員が拒否をすれば不可能と考えられていた。そのため、取締役の報酬として(譲渡制限)株式を付与するが、その株式を信託財産として信託銀行が管理することで、役員が株式を処分できないようにする、また、一定の違反の際の没収については、譲渡制限を解除しないことの代わりに信託財産から分配しない(会社と役員の契約において、譲渡制限が解除されない場合は当該株式に関する受益権を役員が放棄することになる)というスキームであった。

　後に、証券会社の協力により、会社と役員と証券会社が三者契約を結ぶという方法により、譲渡制限株式のスキームが確立された。具体的には、会社が役員に普通株式を付与するが、その付与する証券口座では譲渡制限の解除まで証券会社が譲渡を制限することや譲渡制限を解除しない場合会社が無償で自己株式として取得することができる、といった内容で実質的な譲渡制限付株式報酬制度となった。そのため、譲渡制限付株式報酬に際して信託財産の利用は必須ではなくなった。

　現在の株式交付信託は、譲渡制限付株式報酬だけではなく、パフォーマンス・シェアと統合したり、役員の所得税を支払うため金銭と株式の比率を柔軟に調整できる仕組みとしたりする等、譲渡制限付株式報酬や株式賞

与との差別化を図っている。

【実例：カゴメ株式会社】
●2021年12月期 有価証券報告書

〈中長期業績連動報酬：BIP 信託〉

　当社は、株主価値との連動性が高く、かつ透明性の高い中長期にかかる業績連動報酬として、BIP 信託を導入いたしました。

　BIP 信託においては、単年度の業績評価に基づいて決定された株式報酬現金相当額に、信託取得時の平均株式取得単価を適用し、ポイントの割当を行います。その後、事業年度 2 年経過した時点での全社業績指標（連結売上収益事業利益率）の達成度に応じて、ポイントを確定し、 1 ポイント＝ 1 株として換算の上、株式交付および金銭給付を行う仕組みとなっております。役員に対して当社株式が直接付与されることから、株主への価値創出に対する役員の意欲を喚起するとともに、わかりやすく透明性のある制度および運用を実現できる効果が見込まれます。

　株式報酬現金相当額は、下記の算式により算出しております。

　株式報酬現金相当額＝単年度の業績連動報酬総額×業績連動報酬総額における株式報酬の割合

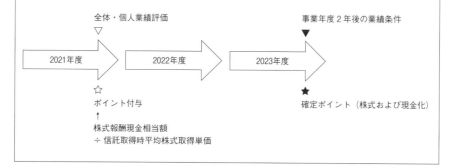

カゴメの場合、事業年度当初にポイントを付与しその後 2 年間の業績

状況を算定して最終的な確定ポイントを算定して株式及び現金を付与している。

　株式と現金というように出口を柔軟にすることにより、賞与と譲渡制限付株式報酬の両制度のバランスを取っていることが特徴である。ただし、譲渡制限付株式報酬に業績条件を付しているようにも読めるため、損金算入については別途検討する必要があるかもしれない。また、業績連動給与の要件を満たせばよいのかもしれず、その点についての判断は税務の専門家に委ねたい。

【実例：わらべや日洋ホールディングス株式会社】
●2022年2月期 有価証券報告書

iii. **株式報酬**（非金銭報酬）

　次に定める方法に基づき、対象取締役に付与するポイント数（株式数）を算定しております。原則として累積したポイント数に相当する株式数を対象取締役の退任時に交付しております。なお、対象取締役が死亡した場合には累積したポイント数に相当する株式数を当該対象取締役の相続人に交付しております。

（1）　支給対象取締役

　法人税法第34条第1項の要件を満たす「業務執行役員」である取締役を対象とします。

（2）　総株式報酬額

　当事業年度において、当社および当社子会社6社（わらべや日洋インターナショナル株式会社、わらべや日洋食品株式会社、株式会社日洋、株式会社ベストランス、株式会社プロシスタスおよび株式会社ソシアリンク）が各社の対象取締役に付与するポイントの総数の上限は、49,000ポイント（1ポイントあたり当社株式1株）としました。

　2023年2月末日で終了する事業年度から2025年2月末日で終了する事業年度までの3事業年度において、1事業年度あたり、当社および当社子会社6社（わらべや日洋インターナショナル株式会社、わらべや日洋食品株式会社、株式会社日洋、

株式会社ベストランス、株式会社プロシスタスおよび株式会社ソシアリンク）が各社の対象取締役に付与するポイントの総数の上限は、49,000ポイント（1ポイントあたり当社株式1株）とします。

（3）　個別株式報酬額の算定方法

　各対象取締役に付与されるポイント数は以下の算定式に基づき決定します。

〈算定式〉

ポイント数（※）＝①役位ポイント×②業績連動係数

※小数点以下切り捨て

①役位ポイント

役位	ポイント
会長・社長	5,000
副社長	4,000
専務	3,000
常務	2,000
上記以外の取締役	1,000
子会社A取締役	1,000
子会社B取締役社長	1,000
子会社B取締役副社長	800

（注）1．子会社A：わらべや日洋インターナショナル株式会社、わらべや日洋
　　　　食品株式会社

　　　　子会社B：株式会社日洋、株式会社ベストランス、株式会社プロシスタ
　　　　ス、株式会社ソシアリンク

　　　2．2月末日時点で対象取締役として在任している者に対し、同時点の役
　　　　位に基づきポイントを付与します。

　　　3．事業年度の途中で対象取締役が死亡した場合には、当該対象取締役の
　　　　在任月数に応じてポイント数を按分調整します。（一月の在任期間が15日
　　　　以内の場合は、当該月は含めないものとします。）

　　　4．各役位の名称の変更等があった場合には同等の役位における役位ポイ

ントを適用します。

5．本信託の信託期間中に株式分割・株式併合等のポイント数の調整を行うことが公正であると認められる事象が生じた場合、本項に定めるポイント数の上限について、分割比率・併合比率等に応じた調整がなされるものとします。

6．2023年2月期は、役位ポイントを下表のとおり変更しております。

役位	ポイント
会長・社長	5,000
副社長	4,000
専務	3,000
常務	2,000
上記以外の取締役	1,000
子会社A社長・副社長・専務・常務	2,000
子会社A上記以外の取締役	1,000
子会社B取締役	1,000
子会社C取締役社長	1,000
子会社C取締役副社長	800

子会社A：わらべや日洋インターナショナル株式会社

子会社B：わらべや日洋食品株式会社

子会社C：株式会社日洋、株式会社ベストランス、株式会社プロシスタス、株式会社ソシアリンク

②業績連動係数

業績達成率	業績連動係数
100%以上	1.0
80%以上～100%未満	0.9
60%以上～80%未満	0.8
60%未満	0.7

（注）1．業績達成率（%）＝親会社株主に帰属する当期純利益（実績値）÷期初に公表した親会社株主に帰属する当期純利益の目標値×100

2．期初に公表した親会社株主に帰属する当期純利益の目標値は、決算短信において開示しているものを適用します。

3．2023年2月期における期初の親会社株主に帰属する当期純利益の目標値は、2022年4月14日公表の決算短信で開示した「2023年2月期の連結業績予想（2022年3月1日〜2023年2月28日）」に記載の3,000百万円（親会社株主に帰属する当期純利益）を適用します。

4．事業年度の途中で対象取締役が死亡した場合は業績連動係数を0.7として計算します。

　カゴメが当初ポイントを付与した数を後の業績に応じて変動させることに対して、わらべや日洋HDの場合は、ポイント付与時にポイントに業績連動指数を乗じており、その点では、株式賞与の意味が強いものと考えられる。

　そして、ポイントを退任時期まで累積させて退任時に金銭と株式を支給するものとしている。このような支給方法の場合は、退任時まで業務執行役員として職務を執行することが求められ、また、マルス（支給前の報酬の減額・消滅）にも対応しやすいというメリットがある。

［譲渡制限付株式報酬との差異］

　譲渡制限付株式報酬と株式交付信託の差異は、以下の一覧表のとおりである。

《譲渡制限付株式報酬と株式交付信託の差異》

ポイント	株式型（RS）	信託型（BIP）
譲渡制限の仕組み	会社と役員と証券会社が三者合意し、証券会社が会社の許可等がない限り株式を譲渡できない証券口座で株式を電子保管する（役員個人の証券口座の中で譲渡制限をかける方法もある）	信託銀行が、信託口座において株式を保有し、役員は受益権を報酬として受領する
関与する会社	証券会社（野村、大和、日興等）	信託銀行（三菱ＵＦＪ、みずほ、三井住友等）

譲渡制限の解除	譲渡制限の課された口座から、役員個人の証券口座（譲渡制限なし）に移管（役員個人の証券口座内で譲渡制限を解除する方法もある）	受益権を株式又は金銭に評価して役員に支給
譲渡制限の解除事由	・一定期間の経過 ・業績条件の達成（損金算入不可）	・一定期間の経過 ・業績条件の達成（業績連動給与に該当すれば損金算入の可能性あり）
外国人役員へ付与	困 難	困 難
解除されない場合	会社が自己株式として無償取得する	未行使の報酬として信託財産に残存する
契約終了時の処理	会社が自己株式として無償取得する	残余の信託財産は寄付ないしは放棄
手数料	安 価	高 額
配 当	役員が直接受領	信託財産に組み込まれる（信託報酬は配当財産の一部で支払われる）
無配の上場会社	可 能	非現実的
議決権	役員が行使する	行使しない

したがって、株式交付信託を導入できるのは、以下の会社ということになろう。

・必ず一定の配当があり信託報酬をまかなうことができる
・当初の信託財産を組成するためのキャッシュを持っている
・信託銀行の銀行勘定から信託財産が借入れをする場合、連帯保証できる信用がある

　実際、株式交付信託を導入する上場会社は大規模であり、かつ安定して配当をしているところがほとんどであり、中小規模の上場会社や配当が不安定な会社は、譲渡制限付株式報酬制度を導入しているという調査結果がある。

株式報酬にはお金が必要

　日本の会社の中では、初期の株式報酬として、ストック・オプションが導入されました。時価のほとんどないベンチャー企業の場合はともかく、上場会社の役員がストック・オプションを行使するためには、発行時の株価に相当する価格を払い込んで株式を取得し、その後株を売却して、初めて自由に使える金銭が手に入ります。

　ですから、ストック・オプション発行時の時価に相当する資金を予め貯金しておかないと、いざというときにストック・オプションを行使できない、ということになってしまいます。とはいえ、役員報酬が必ずしも高額とはいえませんし、役員は何かと物入りですから、貯蓄が十分でないこともあり、ストック・オプションの行使は、ハードルが高いともいえます。

　こうした状況の対策として、ストック・オプション行使のため、資金を貸し付け、行使によって得られた株式を担保に取るという貸付スキームや、その他の金融スキーム等が考えられています。

　ただ、日本では上記の時価型のストック・オプションは少なく、払込価格を1円とするストック・オプションや譲渡制限付株式報酬のほうが主流となっています。

役員報酬については、税制上の規制が大きい。税制上は、定期同額給与、事前確定届出給与、業績連動給与の3種類に分けられる。

1 定期同額給与

国税庁「タックスアンサー No.5211 役員に対する給与(平成29年4月1日以後支給決議分)」において、定期同額給与は以下のように定義されている。

> (1) その支給時期が1か月以下の一定の期間ごとである給与(以下「定期給与」といいます。)で、その事業年度の各支給時期における支給額または支給額から源泉税等の額(注)を控除した金額が同額であるもの

平たくいえば「年俸を毎月12等分して支給」する報酬である。

基本的には事業年度中は金額を変えてはいけないが、例外として、金額の変更については以下のように定められている。

> (2) 定期給与の額につき、次に掲げる改定(以下「給与改定」といいます。)がされた場合におけるその事業年度開始の日または給与改定前の最後の支給時期の翌日から給与改定後の最初の支給時期の前日またはその事業年度終了の日までの間の各支給時期における支給額または支給額から源泉税等の額を控除した金額が同額であるもの
>
> イ その事業年度開始の日の属する会計期間開始の日から3か月(確定申告書の提出期限の特例に係る税務署長の指定を受けた場合にはその指定に係る月

数に2を加えた月数)を経過する日(以下「3月経過日等」といいます。)まで(継続して毎年所定の時期にされる定期給与の額の改定で、その改訂が3月経過日等後にされることについて特別の事情があると認められる場合にはその改訂の時期まで)にされる定期給与の額の改定

ロ　その事業年度においてその法人の役員の職制上の地位の変更、その役員の職務の内容の重大な変更その他これらに類するやむを得ない事情(以下「臨時改定事由」といいます。)によりされたこれらの役員に係る定期給与の額の改定(上記イに掲げる改定を除きます。)

ハ　その事業年度においてその法人の経営状況が著しく悪化したことその他これに類する理由(以下「業績悪化改定事由」といいます。)によりされた定期給与の額の改定(その定期給与の額を減額した改定に限られ、上記イおよびロに掲げる改定を除きます。)

(3)　継続的に供与される経済的利益のうち、その供与される利益の額が毎月おおむね一定であるもの

概ね、利益操作ではないことがわかるような明確な理由があれば、金額は変更しても損金算入できる、ということになる。その理由が以下の3つである。

イ　株主総会の終結した月までに変更した場合

これは、株主総会のタイミングにおける役職の変更や勤続年数による報酬増額については、利益操作とは無関係な合理的な対応と評価している。

ロ　職制その他の臨時改定事由がある場合

職制と報酬は対応していることが通常であるが、株主総会と無関係なタイミングで立場が変わる可能性があるため、役員の職務の内容の重大な変更(例えば、常勤から非常勤への変更等)やそれらに類するやむを得ない事情がある際は金額変更が認められている。

ハ　業績の著しい悪化に伴う減額の場合

業績悪化に伴い業務執行取締役が報酬減額を行うことは珍しくないこと

から、経営状況が著しく悪化したことその他これに類する理由による減額については、定期同額給与の例外としている。

2　事前確定届出給与

　事前確定届出給与とは、事前に届け出た時期に届け出た金額を支給すれば、定期同額給与に該当しなくとも損金算入が認められる制度である。これは、従業員時代の住宅ローンにおいてボーナス一括払いがある場合に、役員が支払いに困らないように設けられた制度であると考えられる。株式や新株予約権での支給も認められている。

　国税庁「タックスアンサー No.5211 役員に対する給与(平成29年4月1日以後支給決議分)」においては、事前確定届出給与を以下のように定義している。

> その役員の職務につき所定の時期に、確定した額の金銭または確定した数の株式(中略)を交付する旨の定め(中略)に基づいて支給される給与で、上記の「定期同額給与」および下記の「業績連動給与」のいずれにも該当しないもの

　届出の変更も可能であるが、その要件は軽くはない。

> 3　事前確定届出給与に関する定めを変更する場合
> 既に上記1または2の届出をしている法人が、その届出をした事前確定届出給与に関する定めの内容を変更する場合において、その変更が次に掲げる事由に基因するものであるときのその変更後の定めの内容に関する届出の届出期限は、次に掲げる事由の区分に応じてそれぞれ次に定める日です。
> 　(1)　臨時改定事由

その事由が生じた日から1か月を経過する日

（2）　業績悪化改定事由（給与の支給額を減額し、または交付する株式もしくは新株予約権の数を減少させる場合に限ります。）

　　その事由によりその定めの内容の変更に関する株主総会等の決議をした日から1か月を経過する日（変更前の直前の届出に係る定めに基づく給与の支給の日がその1か月を経過する日前にある場合には、その支給の日の前日）

4　やむを得ない事情がある場合

上記1から3までの届出期限までに届出がなかった場合においても、その届出がなかったことについてやむを得ない事情があると認めるときは、それらの届出期限までに届出があったものとして事前確定届出給与の損金算入をすることができます。

　このように、職務の変更や業績悪化等に限られる。また、実際に支給されなければ、損金算入は認められない。すなわち、一度届け出たら必ず支払わなければならない固定報酬であって、毎月支給するものではない報酬、と理解することになる。

　もっとも、事前確定届出給与の考え方は、譲渡制限付株式報酬について用いられている。

3　業績連動給与

　業績連動給与とは、利益又は株価の状況を示す指標を基礎として算定される額又は数を支給する給与であり、金銭はもとより、株式や新株予約権を支給する場合も、所定の要件を満たせば損金算入をすることができる。

　国税庁「タックスアンサーＮｏ.5211 役員に対する給与（平成29年4月1日以後支給決議分）」においては、業績連動給与を以下のように定義している。

　利益の状況を示す指標、株式の市場価格の状況を示す指標その他の法人ま

たはその法人との間に支配関係がある法人の業績を示す指標を基礎として算定される額または数の金銭または株式もしくは新株予約権による給与および特定譲渡制限付株式もしくは承継譲渡制限付株式または特定新株予約権もしくは承継新株予約権による給与で無償で取得され、または消滅する株式または新株予約権の数が役務の提供期間以外の事由により変動するもの

ただし、その要件は、以下のとおり詳細に定められている。

（1） 交付される金銭の額もしくは株式もしくは新株予約権の数または交付される新株予約権の数のうち無償で取得され、もしくは消滅する数の算定方法が、その給与に係る職務執行期間開始日以後に終了する事業年度の利益の状況を示す指標、株式の市場価格の状況を示す指標または売上高の状況を示す指標を基礎とした客観的なもので、次の要件を満たすものであること。

　　イ　確定額または確定数を限度としているものであり、かつ、他の業務
　　　執行役員に対して支給する業績連動給与に係る算定方法と同様のもの
　　　であること。

　　ロ　その事業年度開始の日の属する会計期間開始の日から３か月（確定申
　　　告書の提出期限の延長の特例に係る税務署長の指定を受けた法人はその指定に係
　　　る月数に２を加えた月数）を経過する日までに一定の報酬委員会等がその
　　　算定方法を決定していることその他これに準ずる一定の適正な手続を
　　　経ていること。

　　ハ　その内容が上記ロの適正手続終了の日以後遅滞なく、有価証券報告
　　　書に記載されていることその他一定の方法により開示されているこ
　　　と。

（2） 次に掲げる給与の区分に応じそれぞれ次の要件を満たすものであること。

イ　ロに掲げる給与以外の給与　次に掲げる給与の区分に応じてそれぞ
れ次に定める日までに交付され、または交付される見込みであるこ
と。

（イ）　金銭による給与　その金銭の額の算定の基礎とした利益の状況
を示す指標、株式の市場価格の状況を示す指標または売上高の状況を
示す指標の数値が確定した日の翌日から1か月を経過する日

（ロ）　株式または新株予約権による給与その株式または新株予約権の
数の算定の基礎とした業績連動指標の数値が確定した日の翌日から2
か月を経過する日

ロ　特定新株予約権または承継新株予約権による給与で、無償で取得さ
れ、または消滅する新株予約権の数が役務の提供期間以外の事由によ
り変動するもの　その特定新株予約権または承継新株予約権に係る特
定新株予約権が業績連動給与の算定方法につき適正な手続の終了の日
の翌日から1か月を経過する日までに交付されること。

（3）　損金経理をしていること（給与の見込額として損金経理により引当金勘定
に繰り入れた金額を取り崩す方法により経理していることを含みます。）。

要約すると、以下のとおりである。

・上限が定められていること
・同一の役職者内では同一の算定方法であること
・期末後3か月以内に報酬委員会等の適正手続が取られていること
・有価証券報告書で開示されていること
・損金経理がなされていること

また、支給時期も、指標の確定後や手続確定後1〜2か月以内という
内容と整理されている。

そして、指標については、利益、利益と同時に扱われる売上高、株価が

限定列挙され、それらを組み合わせてもよい。

　このような税制上の規制を考慮して、損金算入を目指すのか、それとも損金算入よりも利益獲得が大きいので問題ないと考えるかで、その会社の報酬制度に違いが出てくることは想像できる。

住宅ローンと取締役報酬

　役員報酬の中で損金算入が認められる支給方法として、事前確定届出給与というものがあります。簡単にいえば、一定期間内に定期同額給与以外の給与を支給することを届け出ておけば、賞与とはみなさずに損金算入が可能となるというものです。これには、色々な要素が考慮されているそうですが、筆者は住宅ローンの影響が強いのではないかと考えています。

　会社員が住宅ローンを組むときは、月々の返済額を抑えるため、夏冬のボーナス時の支払いも組み合わせることが多く行われていました。会社員が会社役員になると、夏冬2回のボーナスが、決算＋株主総会後の年1回に減ります。そうすると、ボーナス1回分の返済ができなくなる、という問題が生じます。そこで、例えば3月決算の会社の場合は、冬のボーナス時にはボーナス払い用の資金である報酬を会社が役員に支払っても、事前に届出をして利益操作をしないならば損金算入を認めよう、という制度と筆者は理解しています。

　もっとも、会社役員側も、報酬は通常会社員のときから増額されるでしょうから、計画的に貯蓄をしておいたり、住宅ローンの条件変更を行ったりすればよいのかもしれません。また、最近は、会社員でも夏冬の賞与がきちんと支給されるかどうかは不確定ということもあり、住宅ローンを月々の支払いだけで計画する例も少なくないようです。このような状況を踏まえると事前確定届出給与の出番は減ってくるのではないかと考えられます。

第2章

報酬委員会

報酬委員会の設置は、会社法上は指名委員会等設置会社にしか要求されていない。しかし、CG コードにおいてその必要性に言及されてから、法令上は要求されていない、任意の報酬委員会を設置する上場会社が増えている。

任意の報酬委員会について、会社法上、特段の規制はない。そして、CG コードにおいては、構成員については言及されているものの、権限や具体的な活動・手続等については記述されていない。そのため、報酬委員会の設計や運用の方法は会社の自由であるが、自社の経営目的や役員報酬の制度設計、株主・投資家への影響を考えると、考慮すべき要素が多いことに留意しなければならない。

1 コーポレート・ガバナンスと報酬決定手続

　序章で解説したとおり、取締役報酬は本来経費の使途の一種であるから、業務執行として取締役(会)が決定することができる性質であった。しかし、取締役(会)がお手盛りで報酬額を定めると、会社財産が無用に削られてしまうおそれがあるので、株主総会に権限を移したというのが会社法の立法趣旨である。会社法は改正が続いているが、その点については変わっていない。

　もっとも、実務上は、株主総会において取締役全員の報酬上限額のみを決定し、具体的な取締役間での分配金額や支給方法等については、取締役会に一任されていた。取締役賞与についても同様であり、当初は利益処分案の中で支給総額について株主総会の承認を受けてから、取締役会が具体的な分配を決めることになっていた。会計処理が変更された後は、役員賞与も役員報酬の一環として、株主総会決議において年間の上限額を決めた場合、月例報酬の1年分と賞与の全員の合計額が年間上限額を超えなければ取締役会が自由に定めてよい、ということになっていた。

　実際には、取締役会が具体的な金額等について決定することは稀で、取締役会では、取締役である会長又は社長という経営トップの裁量に再委任する決議をしていた会社がほとんどであった。そのため、取締役間では相互に誰がいくら報酬をもらっているかは知らず、経営トップだけが、取締役全員の個別の取締役報酬額を知っていたということになる。

　コーポレート・ガバナンスの観点からすると、経営トップは人事権を持っており、報酬決定権限と相まって、他の取締役をコントロールする権限を一手に握っていたということになる。人事と報酬の決定権限を経営

トップに握られると、たとえ不満があっても、他の取締役としては、逆らうことができない状況であった。つまり、役員報酬を削られたり人事で干されたりすると、当時は日本国内では取締役層の人材の流動性があまりなかったために転職が難しく、生活が窮地に追い込まれることになるのが現実であった。

このように、取締役会が代表取締役等の経営トップを牽制・監督するという商法・会社法の立法者が考案した仕組みは、実際には残念ながら機能していなかった。

そこで、会社法、CGコード、金融商品取引法(企業開示府令)の相次ぐ改正により、役員報酬に関する各種手続が整備され、経営トップが役員報酬決定権限を保有することにより他の取締役を支配する、というコーポレート・ガバナンスの不全が次第に修正されるようになってきた。

2 社外取締役による監督

① 監督をほとんど意識されていなかった時代

会社法では、当初は社外取締役による経営トップのコントロールは期待されていなかった。社外取締役の活躍が期待されていた最も古い会社法(商法)改正は、戦後の昭和25年(1950年)改正である。この改正により取締役会制度と代表取締役制度が導入され、取締役会の権限が拡大されるとともに、並行して、株主総会の権限と監査役の権限(会計監査に限定され、業務監査権がなくなった)は縮小された。この業務監査については、取締役会が行うこととされていた。「業務監査の機能が非常勤取締役の取締役会を通じての活動に期待される」という解説がなされ、当時から社外取締役を採用して活動させるべきと考えられていたようである。

もっとも、戦後は長期にわたって、社外取締役制度を採用する会社がほとんどなかった。2000年代になると社外取締役を導入する上場会社が目

立つようになってきたが、当時の社外取締役は、相談されれば助言をするというアドバイザリーモデルであって、業務執行取締役の監督は求められていなかったし、経営者も社外取締役に監督される意思はなかった。無論、役員報酬に社外取締役が関与することなどはほとんど考えられていなかった。

② 委員会等設置会社

　平成14年(2002年)の商法・商法特例法の改正により委員会等設置会社が法定化され、初めて役員報酬について社外取締役が関与することが明確化された。しかし、取締役の人事と報酬について、過半数が社外取締役である指名委員会と報酬委員会が最終決定権限を持つことには強い抵抗があった。監査役制度が定着していることと相まって、結局、委員会等設置会社に組織を変える上場会社はわずかであり、現代(指名委員会等設置会社)においてもその状況は変わっていない。

③ 監査等委員会設置会社

　平成26年(2014年)の会社法改正により監査等委員会設置会社が新設されたが、その目的は、モニタリング型の委員会型会社組織を作ること、すなわち、監査役に議決権を持たせ、業務執行取締役の監督権限を付与することであった。そして、法制審議会の段階では「監査・監督委員会設置会社」と仮称され、業務執行取締役の「監督」を行うことが明確になり、その監督する主体が過半数を社外取締役が占める委員会とされるという、監査役会設置会社と指名委員会等設置会社の中間のような会社形態とされた。しかし、指名委員会や報酬委員会を設置しての業務執行取締役の監督は導入できなかったことから、株主総会において監査等委員会が監査等委員以外の取締役の指名と報酬について意見を述べる権限が認められた。株主からす

れば、指名と報酬について監査等委員会には説明義務があることになった。

　すなわち、監査等委員会には、株主総会における意見陳述権を背景に、業務執行取締役を監督する権限が、決定権限を伴わない弱いものながらも付与されることになった。

④ CGコードと任意の委員会

　会社法上は、指名委員会等設置会社を除き報酬委員会の設置は義務化されなかったが、外国の上場会社では、様々な規範により監査委員会とともに、指名委員会と報酬委員会が組織されることが基本とされていた。こうした情勢を受け、日本の上場会社のガバナンスを向上させて、日本の株式市場に外国投資家を呼び込む目的で、CGコードが策定され、証券取引所の有価証券上場規程に組み込まれた。

　「コンプライ or エクスプレイン」というルールであり、遵守が必ずしも義務ではないが、投資家との対話のため重要なツールとしての位置付けであった。

　策定当初は、原則4−10において、「任意の仕組み」のひとつとして報酬委員会が想定され、補充原則4−10①において、任意の諮問委員会が紹介された。その中で、「指名・報酬などの特に重要な事項」として、報酬に対する社外取締役の監督が重要視されていた。

【原則4−10　任意の仕組みの活用】

　上場会社は、会社法が定める会社の機関設計のうち会社の特性に応じて最も適切な形態を採用するに当たり、必要に応じて任意の仕組みを活用することにより、統治機能の更なる充実を図るべきである。

（旧）補充原則

4−10①　上場会社が監査役会設置会社または監査等委員会設置会社で

あって、独立社外取締役が取締役会の過半数に達していない場合には、経営陣幹部・取締役の指名・報酬などに係る取締役会の機能の独立性・客観性と説明責任を強化するため、例えば、取締役会の下に独立社外取締役を主要な構成員とする任意の諮問委員会を設置することなどにより、指名・報酬などの特に重要な事項に関する検討に当たり独立社外取締役の適切な関与・助言を得るべきである。

　また、2018年のCGコード改正において、例として指名委員会及び報酬委員会が明示された。

　そして、2021年のCGコード改正において、報酬委員会は指名委員会と共に、例示ではなく直接的に設置が記述されている。また、プライム市場上場会社については、構成員の過半数を社外独立取締役とすることが基本とされている。

補充原則

4−10① （前略）経営陣幹部・取締役の指名（後継者計画を含む）・報酬などに係る取締役会の機能の独立性・客観性と説明責任を強化するため、取締役会の下に独立社外取締役を主要な構成員とする独立した指名委員会・報酬委員会を設置することにより、指名や報酬などの特に重要な事項に関する検討に当たり、ジェンダー等の多様性やスキルの観点を含め、これらの委員会の適切な関与・助言を得るべきである。

　特に、プライム市場上場会社は、各委員会の構成員の過半数を独立社外取締役とすることを基本とし、その委員会構成の独立性に関する考え方・権限・役割等を開示すべきである（下線筆者）。

　このように、会社法上の報酬委員会に関する規定は指名委員会等設置会社の導入についてで精一杯であり、これ以上の改正はなされていない。しかし、金融庁が東京証券取引所の有価証券上場規程を通じてCGコード

を制定し、任意の委員会の設置を記述し、2度の改正を経て、報酬委員会の設置が例示から「コンプライ or エクスプレイン」の対象となった。

　このような流れのとおり、日本の役員報酬に関する規制は、会社法だけでなく、CGコードというソフト・ローによっても成り立っているといえる。

　そして、エクスプレインを好まずコンプライをする傾向が強い日本の上場会社の特質からか、以下の表のとおり、2022年12月9日時点ではプライム市場上場会社(85.8%)を中心に任意の報酬委員会の設置が進んでおり、東証上場会社全体で見ても、報酬委員会を設置している上場会社は約59.8%となっている。

《任意の指名委員会・報酬委員会の設置状況》

	指名委員会 報酬委員会	指名委員会のみ	報酬委員会のみ	両方なし
プライム	1,468	12	45	238
スタンダード	491	19	65	863
グロース	84	1	57	352
合計	2,043	32	167	1,453

出典：日本取引所グループHP「コーポレート・ガバナンス情報サービス」をもとに作成

3　開示による株主・投資家を通じたコントロール

　商法・証券取引法の下では、役員報酬については特段重要視されず、開示項目もほとんどなかった。

　会社法が制定された時点では、役員報酬の種類ごとの総額の開示(ただし社外役員の総額開示が別途必要とされた)が事業報告内で行われていたが、報酬の決定手続や報酬制度の説明についての開示は義務化されていなかった。金融商品取引法(企業内容等の開示に関する内閣府令)において定められた有価証券報告書の記載事項についても、開示が義務化された事項はあまり変わらなかった。

もっとも、義務化された開示事項が少ない時代であっても、コーポレート・ガバナンスの充実と株主への開示を重視する上場会社は、業績連動報酬の積極的導入等エージェンシー問題が生じにくい報酬制度を導入するだけでなく、その報酬制度の全体を、事業報告や有価証券報告書等においてわかりやすくスペースを取って開示していた。

　また、連結報酬が1億円以上の取締役については個別開示が要求されているが、こちらは金額のみに着目した興味本位の記事が毎年新聞等に掲載されることが目立った影響であった。本来ならば会社の規模や業績とともに掲載されることで、その役員報酬が割安か割高かが判断されるべきではないかと思われるが、現実には、そのような分析はなされていないようである。

　そして、現行の会社法及び会社法施行規則では、別途解説するとおり、役員報酬の個別報酬額の決定権限を有する者その他の詳細な役員報酬の決定手続に関して開示が求められている。

第2節 報酬委員会の役割と規程

1 報酬委員会の現況

　これまで述べてきたとおり、法律上では取締役報酬は株主総会が決定することになっているが、従来は、取締役会への委任、そして経営トップである代表取締役等への再委任がなされることが多く、実質的には経営トップが取締役報酬を決定していた。そのため、監督をするはずの取締役が代表取締役に監督・支配される立場になり、実質的にコーポレート・ガバナンスが機能していなかった。

　そこで、CGコードでは、取締役報酬に関して法令に定めがない任意の報酬委員会を設置することが記述され、導入する会社が増加している。

　また、欧米では、報酬委員会は人事（指名）委員会や監査委員会と合わせてスリー・コミッティーとして、コーポレート・ガバナンスのほぼ「常識」でもある。では、報酬委員会とはどのようなものか、以下解説する。

2 報酬委員会の目的

　任意の報酬委員会を設けるにあたっては、目的を整理する必要がある。例えば、機関投資家に株を買ってもらいたい、という目的であれば、委員会の設置が必須である（エクスプレインをしても聞いてもらえない可能性がある）ことは当然として、それだけでなく、機関投資家が一般的に期待できる独立性のあるメンバー構成や議長の選定と委員会が決定できる権限の設定を行う必要がある。それも、英米等外国の報酬委員会の権限を参考にする必要がある。

　また、長期的に会社業績を向上させたい、という目的であれば、独立性

のあるメンバー構成や議長の選定、委員会が決定できる役員の範囲等を適切に設定することが重要である。これに加えて、委員会の権限として、KPIを適切に設定し、運用することができる必要がある。「適切に」とは、会社が目指す施策の実現度を測定できるKPIを設定し、役員の業務執行を適切に評価して報酬に反映できる仕組みが構築され、適正に運用されていることを指す。

　一方、消極的な目的で任意の委員会を設置しているのではないかと推測される会社も、残念ながら存在する。そのような会社においては、東京証券取引所がCGコードを定めたから、形だけでもコンプライしたいから（コンプライしないとルール違反した気分になる、エクスプレインする理由がない等）、投資家が任意の委員会を設置しろとうるさいから、CGコードのプライム基準を満たすためには任意の委員会を設置するしかないから、ということが設置の理由となっているであろう。

　しかし、このような目的で任意の委員会を設置しても、メンバー構成において独立性が弱い、その内容が薄い、委員会の権限が小さい、報酬制度が粗い設計である等の状況が開示事項から透けて見えることが多い。すると、機関投資家としては、対話において任意の委員会の設置や運用について質問をしたり、投資額を減額したりすることも考えられる。したがって、委員会を設置しても投資家から評価されない、投資家との対話では質問が厳しい等の状況にある場合は、任意の委員会を本気で運用していないと機関投資家が考えているのではないかと想像して、本格的な任意の報酬委員会の権限等の設定と運用を検討するか、機関投資家の投資を諦めるかのどちらかに割り切ることが重要であろう。

3　報酬委員会の機能

①　受動的か能動的か

　まず、報酬委員会が受動的か能動的か、ということがポイントになる。具体的には、経営トップや執行部の作成した原案の承認しか権限がないか（不承認は事実上許されないことがほとんどであろう）、それとも報酬委員会が自主的に原案を作成することができるか、ということである。

（1）　受動的な場合

　「受動的」とは、経営トップや執行部が、報酬制度を作成したり、具体的な個別の報酬支給額を算定して原案を作成の上報酬委員会に提示し、それを報酬委員会が審議・決議したりするという運用がなされる場合である。このケースでは、委員会ではなく経営トップや執行部がイニシアティブを握っており、報酬委員会は受動的な立場に過ぎない。このような運用がなされる場合は、コーポレート・ガバナンスの仕組みとしては、力の弱い報酬委員会と評価されるであろう。力が弱いゆえに「なんちゃって報酬委員会」と呼ばれるかもしれない。

（2）　能動的な場合

　一方、「能動的」とは、報酬制度を作成したり改定したりするに際しては、執行部や経営トップと十分に意見交換をして、具体的な個別の報酬支給額については、報酬水準を調査し、社内の業績達成状況についての数値を入手して、報酬委員会が報酬制度に沿って個別報酬額を決定して、経営トップや取締役会に提案をするという運用がなされる場合である。

　日本では、このような能動的な報酬委員会は少ないであろうが、独立性が強く、機関投資家等の支持を受ける可能性が高い。

（3）　報酬委員会からの提案

　更に、受動的か能動的かを判断する基準としては、報酬委員会が取締役会に対して提案権を有しているかどうかがある。すなわち、期末の極度の業績不振の結果に対し報酬委員会が報酬の大幅な増額や減額を求めたり、不祥事が発生した場合に役員報酬の減額について自ら提案したりできる権限を有しているかということである。

　この場合、実際にその権限を行使すれば、好業績のときは、業務執行取締役が高額報酬を受領しても報酬算定に客観性があるという理由で、胸を張れるというメリットがある。業績不振や不祥事の場合は、役員報酬の減額率及び減額期間を報酬委員会が定めることで、客観性と正統性をアピールすることが可能となり、株主等からの辞任要求に対して、辞任しなくとも報酬減額が適切である、また報酬減額が妥当であると主張できれば、業務執行取締役にとって決して不利益ではない対応になることがわかる。

（2）　権限が広いか狭いか

　報酬委員会が受動的か、能動的かは、報酬委員会が持つ権限を見ても判別できる。換言すれば、以下のような権限を有すれば能動的に動くことができ、また、能動的に動くことが予定されているからこそこうした権限が与えられているということになる。

（1）　議案作成・提案権限があるか、諮問のみか

　報酬委員会は、取締役会から役員報酬に関する諮問を受け、答申を出し、その答申の結果が取締役会に提示される。諮問の内容は、役員報酬制度の改定や業務執行役員(経営トップに限られる場合と業務執行取締役が含まれる場合があり、更に、執行役員や顧問の報酬について諮問されることもある)の個別報酬額の決定等が考えられる。

　その答申の取扱いは、例えば個別報酬額の決定を参考にすると、以下の

とおりに分けられる。

（ア）取締役会は答申を参考にするが、最終的には特定の取締役に報酬額の
　　決定を委任し、当該取締役が報酬額を決定する
（イ）取締役会は答申を参考にするが、独自に報酬額を決定する
（ウ）取締役会は、答申を原則として尊重し、例外として、具体的な不都合
　　等があればそれを修正する
（エ）取締役会は、報酬委員会の決定を変更できない

　上記のうち、（エ）は指名委員会等設置会社の法定報酬委員会の権限と同
一であり、指名委員会等設置会社を選択していない会社が（エ）の制度を採
用することは通常考えられない。
　残りの（ア）〜（ウ）を比較すると、（ア）が最も報酬委員会の決定の影響
力が弱い体制であり、（イ）、（ウ）の順に強化されることになる。つまり、
特定の取締役が他の役員の個別報酬額を決定することでコーポレート・ガ
バナンスの機能が弱体化するからこそ（少なくとも）任意の報酬委員会の設
置を機関投資家等が求め、CGコードにも明確に記述されるようになった
にもかかわらず、その決定が実質的な最終決定として採用されない可能性
がある場合、権限が弱いと評価せざるを得ない。特に、特定の取締役が自
らの役員報酬を定めることが「お手盛り」につながり、また、他の取締役の
個別報酬額を決定する権限を持つことで取締役の監督機能が減殺されるこ
とになる。実際、特定の取締役に報酬決定権限が取締役会から再委託され
ていた実務では、取締役会の監督機能が減殺されてコーポレート・ガバナ
ンス上マイナスと考えられたからこそ、報酬委員会を設置して報酬に関す
る審議及び決議を行うことを認めたのである。したがって、最終的に特定
の取締役が報酬委員会の決定を覆すことができるのであれば、報酬委員会
の実質的な権限は、弱くなることになる。

（2）　予算とスタッフ

　報酬委員会が報酬制度の改定に関して意見を述べたり、個別の報酬額を決定したりするに際しては、外部業者から同業他社や同規模他社の報酬水準を調査するための情報を得たり、KPI の実現度その他の経営状況について、受給対象者である(利害関係者である)業務執行取締役の影響を受けないスタッフにより情報を得たりできることが重要である。そのためには、報酬委員会に一定の人的資源や予算が必要であるが、これらが実際に与えられており、そしてフリーハンドで使用できることが大切である。

　現実的には、こうした人的・金銭的な資源が与えられる報酬委員会はごく少数と推測されるが、今後はどのように推移していくのであろうか。

（3）　外部コンサルタントの利用

　新しく役員報酬制度を設計するように、といわれても、簡単に実行できるわけではない。関連書籍を購入し、また他社の開示事例を参考にしても、自社にとってどれが適切かを判断することは容易ではない。

　また、役員報酬制度を設計することは、他の役員の懐に手を入れることになる。すると、他の役員を説得するためには、客観的に正しく見える制度であること、例えば、他社、特に同業他社が採用していることが必要になる。また自社の社外取締役を中心とする報酬委員会が作成・承認した制度であるとして権威を付ける方法もあるが、今一歩腑に落ちないという役員も多いであろう。

　そこで、報酬委員会としては、役員報酬を設計できる外部コンサルタントを活用することが考えられる。無論、外部コンサルタントの活用とその費用負担は取締役会の事前承認を得ておくことになろう。

　外部コンサルタントとしては、役員報酬を中心にビジネスを展開している会社や、コーポレート・ガバナンス全般をビジネスとして役員報酬もその一分野としている会社等がある。また、外国のデータを詳しく保有している会社もあれば、国内上場会社に強い会社もあり、様々である。

また、報酬設計をしてもらった後に正確に運用できるよう、社内規程や運用を整備することが重要であり、その対応は弁護士に依頼することも考えられる。

　外部コンサルタントを利用する場合には、以下の要素について対応を依頼することがよいであろう。

◆制度設計

　役員報酬制度については、後述するように様々な仕組みがある。固定か業績連動か、短期業績連動か長期業績連動か、金銭報酬か株式報酬か、利益連動報酬か株価連動報酬か、等の多様な報酬制度や分類がある。また、これらを決定するKPIにも様々なものがある。

　これらについて、自社のビジネスを十分に理解し、また事業計画の性質や参考としている経営指標として何が適切かを、業務執行役員や社外取締役と協議してもらい、現時点でのベストな制度を設計してもらうのである。

　ただし、一度設計したからといってそれで終わりではない。社会・経済環境が変われば、法律や税制等が変わったり、投資家の投資方針が変わったりするので、これらの情報をタイムリーに取得して会社に伝えてもらって、報酬制度を調整する必要がある。

　こうしたときには、外部コンサルタントの協力が重要である。

◆金額水準の比較

　報酬の仕組みについては、ある程度他社の開示資料(株主総会招集通知や有価証券報告書)を参考に、それなりの制度は作れるであろう。しかし、その金額水準に関する情報を入手することは難しい。特に、個別報酬額については非開示であることに加えて、各役員の抵抗が強いことから会社の中でも他者の報酬額を知らないことも十分考えられる。

　しかし、外部コンサルタント、とりわけ秘密を厳守するところに対しては、会社も金額を伝えた上で妥当性を判断してもらいたい、という希望から、実際に個別の支給金額を伝えていることも考えられる。コンサルタン

トとしては、個別金額を開示してくれた会社に対しては、自らが持っている金額の情報(ただし、個別の会社の個別役員の情報ではなく、業種や会社規模等を類型化して守秘義務に抵触しないようにクライアントには開示をしているであろう)を提供することが考えられる。

どこにピアグループ(比較対象の企業群)を持ってくるかや、そのピアグループ内での数値に関しては、説明のために可能な限り正確な情報を欲しがる会社が多く、多数のクライアントを持つコンサルタントが重宝されているようである。

◆その他

報酬スキームや報酬水準の他には、新株予約権の公正価格の算定が必要になることもある。すなわち、会計上公正価格を反映させるために、上場会社の株式を特約で譲渡制限する場合には時価は市場価格を公正価格とすればよいが、ストック・オプションについては、株式は上場していても新株予約権は譲渡制限をかけ上場しないため、公正価格が客観的には判明しない。そのため、公認会計士等が所属するコンサルタントが、ブラック・ショールズ・モデル、モンテカルロ・シミュレーション、二項モデル等を採用してストック・オプションの公正価格を算定することも行われている。

③ 取締役会との関係

(1) 承認するだけの報酬委員会

取締役会からの諮問に対して、実質的に承認しかできない報酬委員会も少なからず存在するのではないかと思われる。この点について、「報酬委員会は情報が少なく検討日数が少ないのでやむを得ない」「実質的に情報を持っている取締役会や業務執行取締役の作成した原案が正確である」という意見も考えられる。

しかし、報酬委員会が十分な情報を持ち(その前提として情報収集するため

の人的資源と予算を有することが前提である）、十分議論を重ねることができれば、取締役会や業務執行取締役のような利害関係者（報酬を受け取る立場にある）から独立した地位にある（構成にもよるが）報酬委員会が報酬に関する諮問事項を検討して、修正提案や独自の提案をすることは、問題がないばかりか、むしろ報酬委員会設置の趣旨に沿っているものといえる。

承認しかできない報酬委員会は、換言すると、実質的に取締役会に従属している、ともいうことができる。任意の委員会で、取締役会の諮問機関ではあるが、実質的には経営トップや取締役会の意向に沿った意見を言うことしかできない場合は、実質的には取締役会の従属的機関といえる。

このように、通常、CGコードにとりあえず形式的にコンプライすることが動機で設置された場合や、経営トップが実権を持ち続けたい希望を有する場合に従属的な権限しかない報酬委員会を設置することが考えられる。また、こうした報酬委員会については、議題に取り上げられる内容が少ないこと、独自の提案権等が認められていないこと等の特徴がある。

（2）　反対・修正・独自提案をする報酬委員会

取締役会や業務執行取締役の原案に対して修正意見を出したり、反対したり、また諮問がないにもかかわらず独自の提案をすることができる報酬委員会も、設置することが可能である。そのような報酬委員会に対しては、「取締役会との意見の相違があり、対立するようでは、報酬委員会が機能しないはずである」「突然取締役会が承服できないような報酬案を提示してくる可能性がある」という指摘が想定される。これは、報酬委員会の設置に反対する、あるいは指名委員会等設置会社への移行を拒絶する立場の者からの意見と考えられる。

しかし、取締役会と報酬委員会が対立した実例は聞かない。対立した実例が表面化したのは指名委員会についてであるが、その場合は、経営トップと指名委員会の意見が対立したケースや、筆頭株主（親会社も含む）と指名委員会が対立したケースであって、取締役会と委員会が対立したケースは

聞いたことがない。

　もともと、理論的には、報酬委員会は取締役により構成されるのであって、委員は取締役会でも議決権を持つことから、取締役会の全員が報酬委員会の結論と対立することはない。

　また、実質的には、報酬委員会の委員も取締役として定期的に取締役会に出席している以上、意見や情報の交換は、社外取締役であってもそれなりに可能であるし、実際、通常の経営感覚を報酬委員会委員が持っている限り、業務執行取締役やその他の取締役に全く相談もせず意見も聞かず、根回しもせずに報酬制度の改定や報酬額を一方的に決定することはないはずである。また、そもそも、取締役会が報酬委員会の委員を選定するのであるから、他の取締役や取締役会との情報や意見交換ができない報酬委員会の委員を選任することはそもそも考えられず、もしあるとすれば、それは取締役会と情報交換や意見交換ができない報酬委員会の委員である取締役を何人も選定した取締役会の問題であって、報酬委員会の権限が強過ぎるということはないはずである。

（3）　株主や投資家側から見て

　報酬委員会の実態は、十分に開示されていれば判明するが、開示事項が少なく、実態がわからないことも少なくない。こうした場合、株主、投資家側の立場から見てどう考えるか。

　そもそも、報酬委員会を率先して取り入れている会社であれば、報酬委員会の機能や権限、活動状況等について積極的かつ丁寧に開示している可能性が高いという推測をする可能性がある。なぜなら、こうした開示を充実させることで、コーポレート・ガバナンスの充実をアピールし、投資をしてもらうことを期待するであろう、と会社の姿勢を推測できるからである。

　そのコーポレート・ガバナンスの充実とは、以下のようにまとめられる。

・各取締役が「取締役」か「取り締まられ役」か
・経営の監督を充実させることで、公正かつ適正な人事・報酬の決定ができるか
・人事や報酬の透明化により、派閥争いという無意味な動きの解消ができるか
・人事や報酬の透明化により、経営能力の適正な評価をすることで、人間関係の調整能力等の業務執行に直結しない能力ばかりの役員ではなく、真に業務執行能力を有する者が業務執行役員として評価されることにつながるか

　無論、機関投資家はこうした点について会社と対話をすることで実態を把握することができる。一方、個人株主は、対話は現実的には不可能であり、株主総会や個人投資家向け IR 説明会等において若干程度質問できるに過ぎないことから、基本的には有価証券報告書等の開示事項から判断せざるを得ない。そこで、上記のような視点を持つことで、ある程度報酬委員会の姿勢が見えてこよう。

　なお、委員が適切な報酬を適切な手続で決定したにもかかわらず、報酬委員会と経営陣が対立しているのであれば、それは、社外取締役が中心である報酬委員会が経営陣と対立しているのであるから、経営陣からすれば「報酬委員会が抵抗している」ということになるが、株主や投資家側から見れば実態は不明であっても、「報酬委員会が経営陣におもねらずに良い仕事をしている」とも見えるであろう。

4 　報酬委員会規程

　報酬委員会を設置する上では、どのような組織にしてどのように運用をすることが適切かということがポイントとなる。そのため、まず、報酬委

員会規程を整備することになる。なお、指名委員会と併せて指名・報酬委員会とする例も多いが、ここでは報酬委員会の規程を紹介する。

①目的

第1条（目的）
　本規程は、取締役（及び執行役員）の報酬等に関する手続の公正性・透明性・客観性を強化し、当社コーポレート・ガバナンスの充実を図るため、取締役会がその（諮問）機関として設置する「報酬（諮問）委員会」の運営に必要な事項を定める。

　まずは、規程全体の目的を明確にするために、第1条に目的を定めることが多い。
　「任意」の機関であるかどうかについては、明示の必要はない。会社法上定めがない報酬委員会であれば、当然、「任意の委員会」である。
　報酬「諮問」委員会と、「諮問」という言葉を入れていいかどうかということは、若干慎重に考えたい。なぜなら「諮問」と付した場合、「諮問」がなければ「答申」をしないという「受け身」な報酬委員会であると表明することになるからである。無論、「受け身」の委員会であって、それがコーポレート・ガバナンス上正しいという会社の姿勢を示したいのであれば、それはそれでよい。そうではなく、報酬委員会も一定の独立性を持って能動的に取締役会に働きかけるという、一歩進んだ報酬委員会とするのであれば、「諮問」とは入れないほうがよいであろう。また、報酬委員会のスタンスについて、現在は受け身であっても将来的に能動的に変更する可能性がある場合も、「諮問」とは付けないほうがよいであろう。
　本規程では、報酬決定の範囲は、経営トップだけでなく取締役全員を対象とし、更に、取締役以外に執行役員の報酬についても報酬委員会が定め

る例にも対応できるよう記述している。必要に応じて調整されたい。

　また、会社の姿勢として、報酬委員会設置の理由に「手続の公正性・透明性・客観性を強化」ということは、当然かもしれないが、後任者にその目的を明確に伝えるため、明文化したほうがよい。その他に目的があれば、追加してもよい。

② 構 成

第2条（構 成）
1　報酬委員会は、取締役である委員3名以上で構成し、その過半数は社外取締役から選定する。
2　報酬委員会の委員の選定及び解職は、取締役会の決議による。
3　報酬委員会の委員長は、社外取締役である委員の中から選定する。
4　報酬委員会の委員長の選定は、委員の互選によるものとする。

◆人 数
　委員会の構成として、合議制としての機能を満たすためにも3名以上とすることが通常である。また、多数決があり得ることから、奇数が望ましいが、そこまで規程に盛り込む例はあまり見当たらない。

◆構成員
　　・取締役に限定するか
　　・過半数を社外取締役とするか
　構成員については、上記のポイントがある。外国の報酬委員会に関するCGコード等の規律を参照すると、全員が独立社外取締役である場合が最も理解を得やすく、次いで、過半数が独立社外取締役の場合である。それを下回ると、海外の先進国のコーポレート・ガバナンスの水準に達しないことになるので、筆者としては勧められない。

◆**委員の選定手続**

　委員は、取締役会決議により選任する。それ以外の手続、すなわち代表取締役社長や会長に一任することは避けるべきである。なぜなら、コーポレート・ガバナンス上の報酬委員会の目的が、客観的な報酬決定にあることから、委員の選定についても、特定の取締役に一任しては客観性が失われるからである。

◆**委員長の選定**

　委員長の資格については、独立社外取締役に限定すれば、欧米のコーポレート・ガバナンスの水準に達することを念頭に決定することが重要である。

　また、選定手続は、報酬委員会委員の互選による方法と、取締役会決議による方法の2通りが考えられる。

③ 任 期

> 第3条（任期）
>
> 1　報酬委員会の委員の任期は、選任後○年以内に終了する事業年度のうち最終のものに関する定時株主総会の終結の時までとする。
>
> 2　前項の規定にかかわらず、委員が取締役として再任されなかった場合は、選任されなかった株主総会終結の時をもって任期が満了するものとする。

　通常、取締役の任期は会社法上の2年か、定款上1年に短縮してあるかのどちらかになる。すると、会社法上の形式を重視すれば、1～2年の任期となる。しかし、それでは短過ぎるとも考えられ、ある程度長期間委員としてコミットすることで、業務執行取締役の監督に継続性と中長期的視点を盛り込むことができる。

そこで、取締役の任期よりも報酬委員会委員の任期を長くして、例外として、取締役として再任されなかった場合は、委員としての任期も終了することを定めれば、定款や会社法には抵触しないことになるので、問題はないと解される。

④ 開 催

第4条（開 催）
1　報酬委員会は、1年に○回以上開催する。
2　報酬委員会は、本社において開催する。ただし、必要がある場合は、他の場所で開催することができる。
3　委員は、必要な場合、電話会議、Web会議等の方法で報酬委員会に出席することができる。

◆開催回数
　開催頻度は、有価証券報告書での開示事項となるが、報酬委員会の開催回数が少ないと、監督が不十分である等の評価につながり、コーポレート・ガバナンスが充実していないと投資家等から批判を受ける可能性がある。そのため、最低開催回数を記述することが考えられる。
　もっとも、報酬委員会において必要事項を検討すれば、年間1～2回ではとても足りないので、このような規程は、報酬委員会が十分機能していれば不要であろう。

◆開催場所等
　開催場所について規定することも重要である。通常は本社開催となる。ただし、登記上の本社とビジネス上の本部が異なり、ビジネス上の本部で開催する場合がある会社は、ここに本社以外の場所を記載することになる。

また、近時は、Web会議のシステムが充実しているので移動時間が貴重な社外取締役の負担を軽減させるために、Web会議による開催が可能となるよう、規程上明確にすることが大切である。

無論、機密等との関係上、Web会議ではなく実際に本社等に集合することも必要であり、議長の判断によっては、Web会議としないことも可能となるような規程としている。

⑤ 招集

第5条（招集）

1　報酬委員会は、原則として委員長が招集する。ただし、他の委員も必要に応じて招集することができる。

2　報酬委員会の招集通知は、各委員に対し会日の3日前までにこれを発する。ただし緊急の必要があるときはこれを短縮することができる。

3　報酬委員会の招集通知には、開催日時、開催場所、及び議題を記載する。

4　報酬委員会は、委員全員の同意があるときは、招集の手続を経ることなく、開催することができる。

招集に関しては、会社法上の取締役会の招集通知と同様に扱えばよいであろう。その際、Webで開催する場合はその旨を開催場所に記載することになる。

6 議 長

第6条（議長）

1 　委員長は、報酬委員会の議長となり、報酬委員会における活発かつ建設的な審議が行われるよう議事を運営する。

2 　委員長に事故があるときは、報酬委員会において予め定めた順序に従い、他の委員が臨時にこれを代行する。

議長については、議事運営の方針を1項で明記する。また、取締役会と同様、委員会内で予め定めた順位に沿って代行者を選定することとしている。代行の順序は、取締役会で定めてもよい。

この他に、議長の権限行使を実現するためのものとして、人事権（社外取締役と業務執行取締役の比率や委員の入替え等の権限、また事務局スタッフの異動や人事考課の権限も含む）、予算（コンサルへの外注費用その他）、そして議長手当等の報酬が考えられる。

逆に、これらが与えられているか否かによって議長権限の強弱を見ることができることから、報酬委員会について理解が深く重視している機関投資家は、人事、予算、報酬といった議長の権限について質問してくるかもしれない。

7 決 議

第7条（決議）

1 　報酬委員会の決議は、議決に加わることができる委員の過半数が出席し、その出席委員の過半数をもって行う。

2 　報酬委員会の決議につき、特別の利害関係を有する委員は、利害関係

を有する範囲につき審議への出席及び議決権を行使することができない。この場合は、その委員の議決権は、出席した委員の議決権の数に算入しない。

決議については、通常、規程上は過半数と定めることがほとんどである。ただし、決議内容が重要であることと、より良い内容を目指すことから運用上は全会一致とする実例が多い。

また、利害関係者の排除も、取締役会と同様定める必要がある。例えば、経営トップ等業務執行取締役が報酬委員会の委員の場合、その報酬制度や個別報酬額を決める場合は、審議の場から退席してもらったほうが審議しやすいことから、審議への出席についても認めない扱いとしている。

なお、委員自身も含めた社外取締役の報酬は、固定報酬のみであり、株主総会の事業報告及び有価証券報告書上、株主・投資家の監督を受けていることから、事実上職権濫用のおそれはなく、業務執行取締役ほど監督の必要性も強くないために、報酬委員会で社外取締役の報酬を定める際は、特別利害関係者としない扱いも合理的である。

⑧ 取締役会への報告及び答申

第8条（取締役会への報告及び答申）

1　委員長は、報酬委員会が開催された場合、その直後に開催される取締役会において、その開催報告を行うほか、必要に応じ、報酬委員会による職務執行状況を取締役会に報告する。

2　委員長は、報酬委員会が諮問事項への答申又は意見を決議した場合、その直後に開催される取締役会において、当該答申又は当該意見を取締役会に答申、報告又は提案する。

3　委員長は、報酬委員会の答申又は意見について、各委員の意見を併記

の上、取締役会へ答申、報告又は提案することができる。

　報酬委員会は、法定委員会でない限り取締役会決議により設置されることから、決定した機関である取締役会に報告することは必要である。また、現実的にも、報酬委員会に所属しない取締役との意見交換は報酬制度の検討や個別報酬額の決定に有益であることから、報告は当然のこととして、意見交換をすることも盛り込んでもよいかもしれない。

　報酬委員会の職務は、諮問を受けて答申をすることと定める会社が多いが、別途述べたとおり、報酬委員会が、報酬の増減額等について諮問なく提案できる仕組みもある。この場合は、提案を「報告」の中に読み込んでもよいし、明記することも考えられる。

⑨ 議事録

第9条 (議事録)
1　報酬委員会の開催された日時及び場所、出席した委員の氏名、並びに議事の経過の要領及びその結果は議事録に記載し、出席した委員がこれに署名押印又は記名押印する。
2　議事録は、報酬委員会の日から10年間、本店に備え置く。
3　取締役は、報酬委員会の議事録について、閲覧又は謄写することができる。
4　前号の定めにかかわらず、報酬委員会はその決議により、報酬委員会の議事録の閲覧又は謄写することができる者又は内容の範囲を限定することができる。

　議事録の作成は、コーポレート・ガバナンスの観点から、また、適切な情報共有の点から必須である。議事録については、基本的には取締役会議

事録と同様の扱いでよいであろう。

　閲覧については、取締役及び監査役には認めることになるであろう。ただし、個別報酬額については、他人に知られることを嫌がる取締役もいるであろう。本来ならば、取締役報酬は会社財産からエージェントである取締役が受け取る報酬であるので、プライバシーの範囲かどうか疑問ではあるが、日本の会社では役員報酬の個別の金額はプライバシーの範囲内であるという考え方が主流であることから、会社によっては、報酬委員会に属さない役職員に個別報酬額を知られないように配慮することも必要である。このような場合に備え、４項において、一部閲覧制限を認め、その部分に個別報酬額を記載することが考えられる。

　また、役員の人事評価についても、他の取締役に知られて構わないかどうかの判断が難しい場合が考えられる。特に、業績悪化その他のマイナス評価については、議論の経過と結果を残すために議事録への記載は必要であるが、それを全役員が知る必要はないし、知ったことによる人間関係の悪化等の弊害を防ぐ必要がある。また、こうした弊害を防ぐという目的も、報酬委員会にはある。そのため、こうした個別役員の評価についても、議事録には記載するものの閲覧制限をすることが合理的と解される。

⑩ 事務局

第10条（事務局）
　報酬委員会に事務局を置く。事務局は、人事総務部がこれにあたり、委員長の指示により会議の招集手続を行い、事務処理及び議事録の作成を担当する。

報酬委員会には事務局機能が必須である。
報酬委員会は、招集、議案作成、議事録作成等の事務的な負担が少なく

ない。しかし、通常、報酬委員会は非常勤である社外取締役が中心となって構成されることから、自らこうした作業を行うことは現実的ではない。業務執行取締役（経営トップである例も少なくない）が委員となっていれば、当該業務執行取締役には他に業務があることから、自らこうした事務的な作業を行うことはない。いずれにせよ、報酬委員会に事務局は必須である。

　では、事務局はどのような部署が引き受けることが適切か。法務に近いことから、総務部や法務部が考えられる。また、役員報酬に関わることなので、秘書部門が引き受けることが考えられる。

　ただし、報酬委員会の事務局は、業務執行取締役の報酬の金額等を直接知ることになるため、デリケートであり、社内で秘密を要請される可能性が高いことから、まずは秘書部門（総務部の１部門であることも少なくないであろう）が適切ではないかと考えられる。ただし、秘書部門は、基本的には業務執行取締役全員の秘書としての役割を果たすことが基本であろう。一方、報酬委員会は、各取締役の個別の報酬額に関して審議の上、取締役会に答申をすることが職務である。業務執行取締役の全員が同程度の業績評価となれば、役員間の報酬格差が生じないことから、役員間の利害対立も生まれず、特段問題はなく、秘書部内でも問題はない。

　しかし、役員間で全く報酬格差が生じないということはないであろう。例えば、各担当事業部門の業績を反映する報酬制度であれば、担当事業部門の業績次第で取締役間に格差が生じる。こうした取締役間の格差が生じる場合、秘書部門が業務執行取締役にどのように接すればよいかという問題が生じることになる。また、報酬委員会事務局は、外部コンサルタントに役員報酬の相場やトレンド等を聞き出して報酬案に反映させたり、社内のKPIの達成状況や各業務執行取締役の業務執行の状況を調査したりすることも必要と考えられるが、こうした調査が公平に行われているかどうか、業務執行取締役としては非常に気になるところであろう。特に、悪い評価を受けた取締役は、適正に評価が行われたかどうか疑問を呈するであろう。その場合、秘書部内の従業員に圧力をかけてくることも想定され得

るため、これを避けるべく、秘書部は難しい対応を迫られることになる。

　最も理想的な方法は、社外取締役事務局を別途設置することである。社外取締役の直属の部下として、報酬委員会の招集や日程調整、議案作成、議事録作成等の事務的な作業や、KPI の調査や同業他社や上場会社全体の役員報酬のトレンド等の調査を行うことで、業務執行取締役から独立した組織ということになり、社外取締役による監督の実効性を確保できることになる。

　しかし、ここまで割り切った組織作りをしている会社は皆無であろう。そうすると、報酬委員会には法務的な職務が多いこと、法務に関する取締役は営業担当取締役と異なりターゲット型の KPI が設置されることが少なく業績評価に関する利害関係はさほど高くないこと等の理由から、法務部門が報酬委員会事務局を務めることが合理的と考えられる。

⑪ 外注及び費用

第11条（外注及び費用）
1　報酬委員会は、必要な範囲内で、報酬について、コンサルタントと契約を締結することができる。
2　当該費用については、会社が負担するものとし、委員が負担をしたときは会社に求償することができる。

　役員報酬については、報酬水準(相場)の問題と仕組みの問題がある。前者については、同業他社や同規模異業種の報酬水準を意識する取締役が少なくない場合、報酬委員会が客観的な調査を行い、その結果に基づいて報酬水準を決定することになる。とはいえ、こうした同業他社や同規模異業種の他社等の報酬水準については、容易には判明しない。一応、有価証券報告書や株主総会招集通知に添付されている事業報告において報酬総額は

郵便はがき

| 1 | 1 | 2 | 8 | 7 | 9 | 0 |

0 8 1

東京都文京区小石川1－3－25
小石川大国ビル9階

株式会社 清文社 行

|ili·li·li·li·li·li·li·li·li·li·li·li·li·li·li·li·li·li·li·li·li·li|

ご住所 〒 （　　　　　　　）

ビル名　　　　　　　　　（　　階　　　　号室）

貴社名

部　　　　　　　　課

ふりがな
お名前

電話番号　　　　　　　　ご職業

E－mail

─愛読者カード─

ご購読ありがとうございます。今後の出版企画の参考にさせ
ていただきますので、ぜひ皆様のご意見をお聞かせください。

■本書のタイトル（ご購入いただいた書名をお書きください）

1. 本書をお求めの動機

1. 書店でみて（　　　　　　　　　　　　）2. 案内書をみて

3. 新聞広告（　　　　　　　　　　　　）4. インターネット（　　　　　　　　）

5. 書籍・新刊紹介（　　　　　　　　）6. 人にすすめられて

7. その他（　　　　　　　　　　　　）

2. 本書に対するご感想（内容・装幀など）

3. どんな出版をご希望ですか（著者・企画・テーマなど）

■小社新刊案内（無料）を希望する　1. 郵送希望　2. メール希望

開示されているものの、連結ベースで1億円以上の報酬を受領していない限り個別に開示されることはないため、精度の高い金額把握は困難である。

　また、報酬制度についても同様であり、有価証券報告書や事業報告等にその概要は記載されているものの、詳細な報酬制度が開示されていることは稀である。また、報酬制度自体が開示されているとはいっても、その報酬委員会における運用、すなわちKPIの設定、各KPIのウェイトバランス、そしてこれらから個別報酬をどのように算定するか、といったデリケートな情報は、いずれも必ずしも公表されているわけではない。

　そこで、こうした非公表の重要な情報は、有償でコンサルタント等から入手することになる。そのとき、こうした報酬委員会が外部に発注することはできても、その支払いを行う部門は業務執行取締役の管轄下にあるため、当該取締役が支払いを止め、「支払ってほしければ自分の評価を上げろ」と交渉をしてくることも考えられる。また、報酬委員会のこうした費用の支払いを拒む可能性もある。

　そこで、監査役や監査(等)委員が職務に必要な費用について前払いを受けたり事後精算してもらったり、肩代わりをしてもらったり等のことが法令上認められているように、社内規程において、こうした費用について報酬委員会が契約をすることが可能であるため、費用については報酬委員会委員に代わって会社が支払ったり、委員が立替払いをした場合には会社が清算しなければならないことを明記することが重要である。

⑫ 規程の改定

第12条（本規程の改定）
　本規程の改定は、取締役会の決議による。

任意の報酬委員会が取締役会決議によって設置されている以上、報酬委員会規程の改定が取締役会決議により行われるとすることは、ある意味当然のことである。

　ただし、報酬委員会規程を廃止することは、すなわち報酬委員会そのものを廃止することになる。すると、CG コードについてコンプライからエクスプレインに変更した上で十分な説明を行わなければならない。また、多くの機関投資家はスリー・コミッティーを標準と考えており、報酬委員会は必須と理解していることから、報酬委員会の廃止によりこうした機関投資家の不評を買い、場合によっては株価が下がるリスクもある。そのため「規程の改廃」ではなく、「規程の改定」とし、規程の廃止を除くことも考えられる。ただし、「改定」と表現したところで、取締役会が報酬委員会を廃止することは(前述のような不利益が予想されるが)止められないので、結局は「改定」「改廃」のどちらでもよいであろう。

第**3**節 報酬委員会からの答申や提言と取締役会決議

　役員報酬制度の改定や個別報酬額の決定については、取締役会の諮問に対して報酬委員会の答申が返ってきて、これに基づいて決議することが多いであろう。

　この場合、取締役会が報酬委員会の答申どおりに決議しなければならないか、それとも答申を参考にするが全く独自に決定してよいか、という問題がある。

　この点も、まさに報酬委員会をどの程度重視するか、すなわちコーポレート・ガバナンスを充実させるかどうか、また、業務執行取締役に対する監督権限を強くするかどうか、ということにかかっている。

1　報酬委員会の監督権限を強化する場合

1　原　則

　原則として、報酬委員会の答申をそのまま採用することとし、例外として、報酬委員会の答申が相当でないことについて十分な理由が述べられ、かつ、取締役会の過半数の賛成が得られることが必要とする考え方である。これは、任意の委員会とはいえ、報酬委員会のガバナンス機能・監督機能を重視し、原則として答申を採用しなければならないという考え方である。

② 例 外

　例外として取締役会決議が成立すれば答申と異なる結論を出してもよい、ということになるが、その場合は、報酬委員会委員である取締役は、最低でも報酬委員会の過半数は反対票を投じるであろう。そのため、取締役会では最低2票の反対票を上回って賛成票を獲得しなければ報酬委員会の答申を否定できないことになる。もっとも、報酬委員会に経営トップが委員として参加し、その経営トップの反対にもかかわらず取締役会において答申に賛成した委員以外の取締役が、経営トップのコントロールが及んだ取締役であれば、報酬委員会の結論を覆すことに大きな問題はなく、可決は可能である。反対票が2票程度取締役会で投じられたとしても、大勢には影響がないからである。

③ 例外の適用が容易ではないこと

　もっとも、このように報酬委員会の答申を取締役会が採用せずに、異なる結論を採用しようとした場合、経営トップ以外の報酬委員会委員は通常社外取締役であろう。そのような場面で社外取締役は、今後の職務執行に支障が生じると考えて、全員が辞任することも想定される。

　社外取締役が複数、それも報酬委員会委員が同時に辞任をすると、株主や投資家としては、トラブルが生じたと考えるであろう。実際、例外となった場面では、会社の監督機能を取締役会が覆しており、決して平穏とは言い難い状態であるので、株主の懸念はもっともである。

　したがって、建前上は例外として正当な理由があれば報酬委員会の結論を変えてもよいとするルールとしたところで、社内ルール上は適法であったとしても、対外的には問題があると評価される可能性があることに留意する必要がある。

2　報酬委員会の監督権限を強化しない場合

　報酬委員会の監督権限を強化しない会社は、CGコードについて該当条項をコンプライしているものの、そのスタンスは、監督権限を強化している会社と比較すると、経営側が真摯に取り組んでいない、あるいは取り組みたくないというものであろう。そのような会社の場合、報酬委員会の答申は「参考」程度のものであって、拘束力が全くないものとなろう。

　しかし、こうした取扱いについてこそ、投資家が知りたい情報であり有価証券報告書で開示するか、又は投資家との対話において説明をすることを求められていると考えられる。そして、結局、株主や投資家にその姿勢が見抜かれ、コーポレート・ガバナンスや業務執行取締役への監督が不十分な会社という評価を受ける可能性がある。

3　報酬委員会の答申の尊重度合いに関する具体例

　以下に、報酬委員会を設置した監査役会設置会社や監査等委員会設置会社の実例を紹介する。コーポレート・ガバナンスに関する要素は、前述のとおり、報酬委員会の諮問の拘束力、報酬委員会の社外取締役の占める割合や委員長が社外取締役か否か、また、報酬委員会の答申後の決議が取締役会のみか、それとも他の取締役等が決定するか、というところにある。

⎛1⎞　決定に答申以上の効力を持たない報酬委員会

【実例：武田薬品工業株式会社】
●2022年3月期　有価証券報告書

> 　また、当社では報酬等の妥当性と決定プロセスの透明性を担保するため、取締役会の諮問機関として、全ての委員を社外取締役とする報酬委員会を設置してい

ます。取締役の報酬水準、報酬構成および業績連動報酬（長期インセンティブプランおよび賞与）の目標設定等は、報酬委員会での審議を経た上で取締役会に答申され、決定されます。

監査等委員でない社内取締役の個別の報酬額の決定については、取締役会決議をもって、報酬委員会に委任することとしており、個別の報酬の決定にあたり、より透明性の高いプロセスを実現しております。なお、2021年度における当社の役員の報酬等の額の決定過程における報酬委員会の活動として、2021年度においては、報酬委員会を8回開催しました。2021年度の報酬委員会では、外部の報酬アドバイザーの助言を基に、当社の役員報酬制度に、常に患者さんを中心に考えるグローバルな研究開発型バイオ医薬品のリーディングカンパニーとしての役員報酬の枠組みをいかに反映し、進展させていくかに引き続き焦点を置きました。そのなかで、委員会は、業績連動報酬の目標と結果、会社の中長期計画の達成とビジネス環境への報酬方針の連動性、取締役の報酬額、賞与および業績連動株式ユニット報酬に適切な業績指標(KPI)、報酬の開示などについて検討議論し、委員会はさらに取締役会にガイダンスを提供しました。また、取締役会は、報酬委員会の答申を受け、監査等委員でない社外取締役の報酬について決定をしました。

この会社は、監査等委員会設置会社であり、報酬委員会の委員は全員社外取締役である。このうち、監査等委員は1名であり、残りの2名は監査等委員ではない。

そして、取締役の報酬水準、報酬構成及び業績連動報酬の目標設定について、審議を経て取締役会に答申した。また、外部の報酬アドバイザーの助言を基に、業績連動報酬の目標と結果、会社の中長期計画の達成とビジネス環境への報酬方針の連動性、取締役の報酬額、賞与及び業績連動株式ユニット報酬に適切な業績指標(KPI)、報酬の開示等について検討議論してきたとしており、報酬委員会の活動としては一般的である。

なお、報酬委員会の諮問の拘束力については触れていないが、報酬委員会が取締役会にガイダンスを提供するといった、報酬委員会と取締役会のコミュニケーションを意識しているという特徴がある。

② 間接的・受動的な活動を行う報酬委員会

【実例：住友商事株式会社】
●2022年3月期 有価証券報告書

> 各取締役の報酬等については、株主総会にてご承認いただいた限度額の範囲で、取締役会にて決定します。取締役会決議にあたっては、指名・報酬諮問委員会が内容を検討し、その結果を取締役会に答申します。これにより、透明性及び客観性を一層高めるよう努めます。
>
> 各業務執行取締役の業績連動賞与については、指名・報酬諮問委員会の答申を踏まえ、当該事業年度に係る一定範囲の業績管理指標等の想定値を設定し、業績管理指標等の実績に応じて業績連動賞与を算出する業績連動賞与フォーミュラを当該事業年度の取締役会にて決定します(なお、業績管理指標等の実績が、設定された業績管理指標等の想定値の範囲に収まらなかった場合には、改めて指名・報酬諮問委員会の答申を踏まえ、取締役会にて当該フォーミュラを決定します。)。
>
> 当該事業年度終了後に、代表取締役 社長執行役員 CEO が各業務執行取締役との面談を経て当該フォーミュラの指標のうち個人評価を決定し、株主総会にてご承認いただいた限度額の範囲内で個人別賞与額を算出します。なお、個人評価の決定が適切に行われるようにするため、代表取締役 社長執行役員 CEO はその結果を指名・報酬諮問委員会に報告します。

この会社の場合、指名・報酬諮問委員会の答申に基づき取締役会が決議することを基本としている。

もっとも、役員賞与額については、指名・報酬諮問委員会の答申は踏ま

えるとしているが、業績連動賞与フォーミュラを取締役会で決定し、当該事業年度終了後に、代表取締役 社長執行役員 CEO が各業務執行取締役との面談を経て当該フォーミュラの指標のうち個人評価を決定し、株主総会にて承認した限度額の範囲内で個人別賞与額を算出するとしている。

すなわち、業績連動賞与については、報酬諮問委員会の答申を踏まえるのは業績連動賞与フォーミュラであり、個別の金額についてはCEOが面談を経て決定しており、その評価の適正性を担保するため、決定後に指名・報酬諮問委員会に報告することとしている。このように、報酬諮問委員会の関わりは間接的かつ受動的なものとなっている。

指名・報酬諮問委員会の構成は、社外取締役３名、社内取締役２名(会長、社長)であり、委員長は社外取締役である。

③ 受動的な対応ながら答申が尊重される報酬委員会

【実例：株式会社ヨロズ】
●2022年3月期 有価証券報告書

> 個人別の報酬額については、規程及び個人の定性的評価を含む個人業績評価に基づき、代表取締役会長が案を作成し、任意の報酬委員会に説明、提案し、任意の報酬委員会で審議の後、取締役会に答申しております。取締役会は任意の報酬委員会の答申を最大限に尊重し、取締役の個人別の報酬等の内容を決定しております。
>
> なお、当社の報酬委員会は、取締役会で選任された７名の取締役が委員であり、過半数が東京証券取引所の基準を満足する独立役員である社外取締役かつ委員長はその中から指名された社外取締役で構成しております。

この会社の場合、個人別報酬額の原案を代表取締役会長が作成し、任意の報酬委員会に説明、提案することを明示している。原案の作成について

明示しない有価証券報告書が多い中、特徴的である。

　また、原案は特定の取締役が作成するものの、任意の報酬委員会の答申を「最大限に尊重」するとしており、拘束力を強めていることを明記している。拘束力の程度について明示しない開示が多い中、目を引くところである。

④ 特定の取締役の報酬決定を監督する報酬委員会

【実例：パナソニックホールディングス株式会社】
●2022年3月期 有価証券報告書

> 　取締役の報酬は、株主総会の決議により定められた取締役全員の報酬総額の最高限度額の範囲内で決定しています。各年度における「基本報酬」と「業績連動報酬」の個人別の額及び「譲渡制限付株式報酬」の個人別の付与数に関しては、「指名・報酬諮問委員会」が、報酬の決定方針に沿う内容であるか確認し、その妥当性の審議結果を取締役会に答申しています。取締役会は、当社全体の業務執行を客観的に把握・統括している代表取締役社長執行役員に、その決定を一任していますが、代表取締役社長執行役員は、上記「指名・報酬諮問委員会」において審議されたとおりに、個人別の「基本報酬」、「業績連動報酬」、「譲渡制限付株式報酬」を決定しており、取締役会として、その内容が決定方針に沿うものであると判断しています。当事業年度における報酬の決定にあたっては、社外取締役■■■■(筆者注：氏名(以下同じ))(委員長)、社外取締役■■■■、社外取締役■■■■、取締役会長■■■■(当時)、代表取締役社長■■■■(当時)の5名の委員により「指名・報酬諮問委員会」を開催し、その審議結果のとおりに代表取締役社長執行役員楠見雄規(2021年6月24日付就任)が決定しました。

　この会社の場合、各年度における基本報酬と業績連動報酬の個人別の額及び譲渡制限付株式報酬の個人別の付与数の原案については、指名・報酬

諮問委員会が作成しているとの記述はなく、おそらく業務執行取締役が作成しているであろう。そして、これらの報酬に関しては、「『指名・報酬諮問委員会』が、報酬の決定方針に沿う内容であるか確認し、その妥当性の審議結果を取締役会に答申しています」と述べるとおり、事後的な審査となっている。

　ここで、指名・報酬諮問委員会の報告結果の拘束力について特段の記述はないものの、当該事業年度においては、委員会の審議結果のとおりに報酬を決定していることを開示している。すなわち、指名・報酬諮問委員会の拘束力に関する事前のルールはないものの、個別事業年度の結果において、実質的に拘束力があること、すなわちコーポレート・ガバナンスが機能していることを明確にしている。

　この会社については、結局指名・報酬諮問委員会の答申どおりに決議している。それならば、よりコーポレート・ガバナンスが効いていることを外部に表明できるよう、指名・報酬諮問委員会の決議について拘束力を持たせる、あるいは最大限尊重するとのルールを定めることが考えられるが、なぜそのようなルールを導入しないのか、理由を知りたいところである。

4　個別報酬額との関係

　日本の役員報酬に関する従来の実務として、取締役の間では、役員報酬を決定する取締役を除いて、相互に個別金額を知らない、という実務が長らく続いてきた。この現状を維持する方法として、報酬委員会を利用することが考えられる。

　まず、報酬委員会は、個別報酬額を決定するか提示された個別報酬額の適否を判断して答申することになるが、取締役会に提出する答申においては、個別報酬額は明示しない方法をとる。ただし、審議し決議した金額を全く記録に残さないことは、会計処理や後のトラブル対応の関係で問題が

残ることから、まず、議事録を作成し、個別金額を記載するが、閲覧を制限する。そして、報酬委員会が取締役会に提出する答申には別途作成した書面に個別金額を除いた事項を記載することとする。こうすれば、報酬委員会に属さない取締役は、自らの報酬額以外は把握しないことになる。そして、報酬委員会の答申をそのまま採用して取締役会で報酬額の決議をすれば、そのまま役員報酬の個別額を業務執行取締役同士が知ることは通常ない。

ただし、報酬委員会の答申を採用しない場合、特定の取締役に委任しない限り取締役会自身で個別報酬額を決定しなければならないため、せっかく報酬委員会に委任することにより個別報酬額が報酬委員会から外部に漏れないスキームになっていることが無駄になってしまう可能性がある。

なお、報酬委員会による監督機能をあまり強化しないような社風であれば、個別報酬額の決定を報酬委員会の答申の対象とせず、経営トップ等特定の取締役個人に委任してしまうことも考えられる。ただし、そのような個別報酬額の決定については、個人別の報酬額が妥当であると取締役会が判断した理由(会施規121六ハ)や第三者に委託した場合はその旨及び委任の理由(会施規121六の三)等を開示しなければならないため、株主や投資家に対してどのような説明をするかの問題が残る。また、説明によっては株主や投資家から厳しい質問を受けたり、不評を買ったりするリスクに注意しなければならないであろう。

第3章

報酬制度設計の要点

　自社に適切な役員報酬制度を導入するためには、役員報酬制度はあくまで経営目的実現のための手段であることを前提とした上で、自社の経営目的、業務執行取締役に求める業務に対する姿勢や結果等を考慮しなければならない。

　そして、自社の経営に適合した報酬水準を定めるとともに、各種報酬の比率、業績連動報酬の算定に用いるKPI、報酬算定の対象期間等の要素を組み合わせて制度を設計することになる。そのとき、各要素と自社の経営との関係をどのように結びつけるかということが大切である。

1 報酬制度の全体像

　役員報酬については、会社財産から役員に対して金銭等が支給される以上、エージェンシー問題(株主と役員の利益相反性)は不可避である。そのため、いかに株主や投資家と利益や損失を共有してエージェンシー問題を克服するかを考慮し、報酬制度を適切に設計することが、現代の上場会社に求められている。そこで、報酬制度をどのように設計すればエージェンシー問題を(完全には解決できないまでも)克服することができるか、について解説する。

　まずは、報酬制度の目的を整理するとよいであろう。

　例えば、先端的だからといって株式交付信託制度や長期業績連動型報酬制度を導入しても、それが「なぜ」自社に必要なのか筋道が立たなければ無意味であり、制度設計等の労力が無駄になるだけでなく、エージェンシー問題の克服にもつながらない。

　また、近時役員報酬制度の改革をどの上場会社も行っているから、CGコードに記述されているから、という消極的な理由で、また、オリジナリティが全くない受け身な姿勢で役員報酬制度を設計するのでは、株主や投資家から見て投資対象として魅力的な会社には見えないであろう。

　結局、それぞれの会社の目的や事業の特性を念頭に、株主や投資家と役員の利益や損失を可能な限り同一とする「Same Boat」を実現するために、最適な報酬制度を検討し、事業目的とのリンクを記述することが重要である。

　すると、役員報酬制度の概要として、38 〜 41頁のようにまとめることが可能となる。

```
・採用                ・会社組織の活性化
・生活保障            ・経営の迅速化
・継続契約            ・規律ある行動
・モチベーション
```

　そして、これらのうちどのような要素を報酬の目的とするか、あるいは全く異なる要素を追加するかは、各会社によって様々であろう。

■ 2　役員報酬制度の目的の実例

(1)　比較的シンプルな役員報酬制度の目的の開示

【実例：全国保証株式会社】

> 　業務執行取締役が業績や株価の変動による利益意識を株主の皆様と共有し、企業価値増大に対する意識を強化するため、報酬等の一部として業績連動報酬等を含めております。
>
> 　なお、業績連動型株式報酬につきましては、2021年6月18日開催の第41回定時株主総会で決議されております。社外取締役および監査役の報酬等は、業務執行から独立した客観的な立場から業務執行の妥当性および適法性を判断し、監督機能および監査機能を適正に確保する観点から、基本報酬のみの体系としております。
>
> （第42回定時株主総会招集ご通知）

　この事業報告においては、まず、業務執行取締役について、「業績」「株価」の変動による利益意識を株主と共有すること、すなわち「Same Boat」を目的として業績連動報酬等を導入していると説明している。

また、社外取締役と監査役については、業務執行の監督機能と監査機能を適正に確保する目的で、基本報酬（固定報酬）のみの体系としていることを説明している。

　短くコンパクトにまとまっているが、なぜこのような報酬制度を導入したか、自社事業の特性とのつながりがどのようにあるのか、といった要素は記載されていない。

【実例：東武鉄道株式会社】

> 　本方針において、取締役の報酬は、当社の企業価値向上及び社会的評価向上への意欲を高め、株主価値の増大に資する目的で、各人の役位、担当業務に応じた職責、会社・個人業績、経営環境、社会情勢等を考慮のうえで決定することとしております。
>
> （第202期定時株主総会招集ご通知）

　この会社は、企業価値向上、株主価値の増大を列挙するが、その中で目立つのは、「社会的評価向上」という目的である。その目的のために、各人の役位、担当業務に応じた職責、会社・個人業績、経営環境、社会情勢等を考慮の上で決定する、と多くの要素を取り入れることを宣言している。特に、「社会的評価」の向上を目的とすると、業績だけでなく、経営環境や社会情勢等を考慮するという説明も一貫することとなる。こうした目的設定の理由としては、鉄道という公共性の高い事業を中心としていることから社会的評価の向上が必要と考えた可能性が推測される。

【実例：名糖産業株式会社】

　この会社は、永続的な企業価値向上と、優秀な人材の獲得・保持を目的としており、端的に記述している。

　ただし、取締役の個人別の報酬等の内容に係る決定方針に関する事項の

記述が非常に短く、また、内容も固定報酬と賞与のみであり（当該株主総会において譲渡制限付株式報酬制度を導入したが）、その賞与の計算方法や使用する指標等の紹介がない等の特徴がある。短いので当該項目の全文を掲載する。

①取締役の個人別の報酬等の内容に係る決定方針に関する事項

ア．基本方針

　当社の取締役の報酬は、<u>永続的な企業価値向上を促進し、優秀な人材を獲得・保持できることを重視し</u>（下線筆者）、個々の取締役の報酬の決定に際しては、役位、職責、在任年数に応じて、世間相場や従業員の年収の水準をも考慮し、設定するものとする。

　なお、取締役の報酬決定方針は取締役会の決議により決定しており、毎年の取締役（監査等委員である取締役を除く。）の報酬は、株主総会で決議された取締役（監査等委員である取締役を除く。）の報酬限度額の範囲内において、基本方針に基づき算定した基本報酬を年額報酬とした個人別の具体的金額案について、取締役会の諮問に応じ、指名・報酬委員会が審議、答申し、その答申に基づき、取締役会で決定することとなります。

　また、監査等委員である取締役の報酬は、株主総会で決議された監査等委員である取締役の報酬限度額の範囲内において、監査等委員である取締役の協議のうえで、決定しております。

イ．基本報酬の個人別の報酬等の額の決定に関する方針

　当社の取締役（監査等委員である取締役を除く。）の報酬は基本報酬のみとし、基本報酬は固定報酬と賞与に配分し、当社の収益状況や各取締役の業績、役位、職責、在任年数に応じて、世間相場や従業員の年収の水準をも考慮しながら、総合的に勘案して決定するものとする。

　固定報酬と賞与の割合の決定に関する方針につきましては、世間相場や従業員の給与と賞与の割合をも考慮しながら、指名・報酬委員会の答申に基づき取締役会で決定するものとする。

監査等委員である取締役に対しては、固定報酬のみを支給するものとする。

なお、固定報酬は毎月支給し、賞与は 6 月と12月に支給するものとする。

ウ．最近事業年度の報酬の決定プロセス

当事業年度の取締役（監査等委員である取締役を除く。）の報酬は、2021年 6 月25日開催の取締役会で決定いたしました。当該取締役会では各取締役の基本報酬の金額は当社の収益状況や各取締役の業績などから相当であり、基本方針に沿うものであると判断いたしました。

また、監査等委員である取締役の報酬は、2021年 6 月25日に監査等委員である取締役の協議で決定いたしました。

（第80期定時株主総会招集ご通知）

【実例：株式会社オリエンタルランド】

役員報酬制度がシンプルであれば、その説明が短くなることは当然であるが、説明が短いゆえに疑問点が生じることも少なくない。例えば、「賞与の金額はどれくらいの範囲なのか」「どのような業績指標と連動するか」「固定報酬との比率はどれだけか」という事項についての記述がなければ、疑問が生じるであろう。

この会社は、以下のように目的が非常に短く「持続的な成長」と説明するのみである。当該事業年度では現金の業績連動報酬を全く支給していないことからか、その目的も含めて説明が短くなっているという特徴がある。ただし、役員報酬の目的についての株主への説明が「持続的な成長に向けた健全なインセンティブ」だけでよいのかどうか、疑問が残るところである。また、株式報酬を支給しているが、その点についての説明もなく、疑問が残る。

名糖産業と同様に、取締役の個人別の報酬等の内容に係る決定方針に関する事項についての記述は簡略的である。

①役員報酬等の内容の決定に関する方針等

　当社では、取締役の個人別の報酬等の内容にかかる決定方針(以下、「決定方針」という。)について、その原案を「指名・報酬委員会」に諮問し、取締役会において決議しております。

　取締役の報酬は、<u>持続的な成長に向けた健全なインセンティブの一つとして機能するよう</u>(下線筆者)、経営目標の達成度や個人ごとの目標達成度・会社への貢献度を考慮し、取締役会より委任された「指名・報酬委員会」が株主総会で決議された限度額の範囲内において決定し、現金報酬と株式報酬を定期的に支給することとしております。ただし、社外取締役は現金報酬のみを支給いたします。

　取締役の個人別の報酬等の内容の決定に当たっては、「指名・報酬委員会」が決定方針との整合性を含めた多角的な検討を行い決定しているため、取締役会としても決定方針に沿うものであると判断しております。

　監査役の報酬は、株主総会で決議された限度額の範囲内において、監査役の協議によって決定しており、定額報酬(月額)のみを支給いたします。

(第62期定時株主総会招集ご通知)

【実例：日本電信電話株式会社】

　日本電信電話(NTT)の場合は、特に目的を分けて記載していない。つまり、業績連動報酬についての記述は、経営指標とその採用した理由の中に混在している。

取締役の報酬と当社の企業価値との連動性をより明確にし、中期経営戦略における財務目標達成に向けた意欲を高めるため、(以下略)

(第37回定時株主総会招集ご通知)

賞与に関しては、上記のように業績連動報酬に関する指標の説明を兼ね
ているものと考えられる。株式報酬については、賞与のような記述は見ら
れなかった。

　報酬制度全体において、なぜ「個人別の報酬については、月額報酬（基本
報酬）と賞与（短期の業績連動報酬）、ならびに役員持株会を通じた自社株式取
得および株式報酬（中長期の業績連動報酬）から構成すること」としたかの理由
については、ひととおりの説明をしているものの、具体的な金額や比率等
の記載は、会社法施行規則上要求されている「固定報酬：短期の業績連動
報酬：中長期の業績連動報酬＝50％：30％：20％」以外には記載がなく、
各報酬制度の詳しいイメージを想像しづらい開示となっている。参考のた
め、関連する記述を引用する。

　2021年５月12日開催の取締役会において、新たな取締役の個人別の報
酬等の内容に係る決定に関する方針（以下「決定方針」という。）を決議しており
ます（2021年11月10日開催の取締役会において、一部改訂を決議）。決定方針の概
要は以下のとおりです。

　当社の取締役の報酬の決定方針および構成・水準については、客観性・
透明性を確保するために、独立社外取締役３名を含む５名の取締役で構成
される報酬委員会を設置し、同委員会の審議を経て取締役会にて決定する
こととします。また、報酬の割合、算定方法および個人別の報酬の額につ
いては、取締役会から同委員会に委任し、決定することとしております。
これらの権限を報酬委員会に委任している理由は、当該委員会が代表取締
役２名と社外取締役３名で構成されており、当社全体の業績を俯瞰しつ
つ、社外の目線も取り入れて適切な判断が可能であると考えているためで
す。

　取締役（社外取締役を除く）の個人別の報酬については、月額報酬（基本報酬）
と賞与（短期の業績連動報酬）、ならびに役員持株会を通じた自社株式取得お
よび株式報酬（中長期の業績連動報酬）から構成することとしております。

月額報酬は、月例の固定報酬とし、役位ごとの役割の大きさや責任範囲に基づき、支給することとし、賞与は、当事業年度の業績を勘案し毎年6月に支給することとしております。賞与の業績指標については、当社の中期経営戦略で掲げた財務目標を選定しており、その理由は、取締役の報酬と当社の企業価値との連動性をより明確にし、中期経営戦略における財務目標達成に向けた意欲を高めるためであります。また、賞与の算定方法は、各財務目標の対前年改善度または計画達成度を各指標ごとに予め定めた方法により支給率に換算した上で、各指標のウェイトに基づき加重平均し、これに役位別の賞与基準額を乗じることにより算定しております。（次頁の「賞与の業績指標」をご参照ください）

　さらに、中長期の業績を反映させる観点から、毎月、一定額以上を拠出し役員持株会を通じて自社株式を購入することとし、購入した株式は在任期間中、そのすべてを保有することとしております。

　株式報酬は、当社が設定した信託を用いて、毎年6月に役位に応じたポイントを付与し、中期経営戦略の終了年度の翌年度6月に、業績指標の達成度に応じて業績連動係数を決定し、これに累積ポイント数を乗じて付与する株式数を算定することとしております。また、株式の付与は退任時に行うこととしております。

　なお、株式報酬の業績指標としてはEPSを選定しており、その理由は中期経営戦略においてメインの財務目標としているためです。

　報酬構成割合は、標準的な業績の場合、おおよそ「固定報酬：短期の業績連動報酬：中長期の業績連動報酬＝50％：30％：20％」とします。

　社外取締役の報酬については、高い独立性の確保の観点から、業績との連動は行わず、月例の固定報酬のみを支給することとしております。

　取締役の個人別の報酬等の内容に係る決定に関する方針の概要は以上のとおりですが、取締役の個人別の報酬等の内容の決定にあたっては、報酬委員会による決定方針との整合性を含めた多角的な検討が行われているため、取締役会もその判断を尊重し、当事業年度に係る取締役の個人別の報

酬等の内容が決定方針に沿うものであると判断しております。

　監査役の報酬については、監査役の協議にて決定しており、社外取締役と同様の観点から、月額報酬のみを支給することとしております。

（第37回定時株主総会招集ご通知）

② 多種多様な報酬制度を導入している会社の場合

　報酬制度を比較的コンパクトに、また、目的を絞って設計している会社と比較して、多種多様な報酬制度を組み合わせている会社は、全体的な目的を説明することも必要と考えられる。また、報酬の仕組みによっても様々な目的が考えられることから、報酬制度の種類ごとに目的の説明等を行う方法もある。

【実例：株式会社資生堂】

　資生堂は、コーポレート・ガバナンスが充実している会社の代表格とされており、その制度と開示事項が充実しているところに特色がある。役員報酬に関しても例外ではなく、多様な報酬を組み合わせており、その目的も報酬ごとに整理している。

　固定報酬については、特に目的について言及されていないが、業績連動報酬については、以下のように説明している。

　業績連動報酬は、単年度の目標達成に対するインセンティブを目的とした「年次賞与」と、株主のみなさまとの利益意識の共有と中長期での目標達成への動機づけを目的とした「長期インセンティブ型報酬としての業績連動型株式報酬(パフォーマンス・シェア・ユニット)」で構成されており(以下略)

（第122回定時株主総会招集ご通知）

単年度の目標達成に対するインセンティブを目的とした年次賞与と、株主との利益意識の共有及び中長期での目標達成への動機付けを目的とした長期インセンティブ型報酬と、２種類の目的を整理して書き分けていることに特色がある。

　もっとも、上記のような短い目的だけではない。

> 　なお、親会社株主に帰属する当期純利益については、経営に携わる立場の者すべてが意識する必要がある一方、未来の成長に向けた投資や長期的成長のための課題解決を積極的に行うことに対する過度な足かせにならないようにする必要があることから(以下略)
>
> （第122回定時株主総会招集ご通知）

　年次賞与については、指標の説明と同時に、親会社株式に帰属する当期純利益(短期利益)を意識することと、未来の成長に向けた投資や長期的成長のための課題解決(長期利益)について言及し、その方向性が一致しない要素を同時に目的としつつ、その対立の回避方法も説明している。

　そして、長期業績連動報酬については、更に詳細に目的を紹介している。

> 長期的な企業価値の創造と維持に対する効果的なインセンティブの設定と、株主との持続的な利益意識の共有を目的として、以下の各項目の実現を促す
> ①長期ビジョン・戦略目標の達成を通じた価値創造の促進
> ②企業価値の毀損の牽制と長期にわたる高い企業価値の維持
> ③経営をリードすることができる有能な人材の獲得・維持
> ④資生堂グループ全体の経営陣の連帯感の醸成や経営参画意識の高揚を通じた“グローバルワンチーム”の実現
>
> （第122回定時株主総会招集ご通知）

無論、こうした目的を詳細に説明する理由もある。長期インセンティブ報酬である株式報酬については、当該目的実現のために、必ず付与される固定報酬部分を設けることが必要であると説明している。

　一方で、株主との持続的な利益意識の共有、企業価値の毀損の牽制および長期にわたる高い企業価値の維持、ならびに有能な人材の獲得・維持といった目的を実現するために、支給対象者に安定的に株式報酬を付与することも重視し、業績連動部分だけでなく、固定的に支給される固定部分を設けています。

（第122回定時株主総会招集ご通知）

　そして、資生堂の場合、こうした報酬の目的全体を束ねる「哲学」を決定しており、それを冒頭に説明することで、多様な仕組みを導入している役員報酬制度に「芯」を通している。

①企業使命の実現を促すものであること
②優秀な人材を確保・維持できる金額水準と設計であること
③当社の中長期経営戦略を反映する設計であると同時に中長期的な成長を強く動機づけるものであること
④短期志向への偏重や不正を抑制するための仕組みが組み込まれていること
⑤株主や従業員をはじめとしたステークホルダーに対する説明責任の観点から透明性、公正性および合理性を備えた設計であり、これを担保する適切なプロセスを経て決定されること

（第122回定時株主総会招集ご通知）

　なお、上記の哲学の中には、役員報酬の目的だけでなく、適正さの確保に関する方針も記載されている。

以上のとおり、役員報酬の目的の記載には、コーポレート・ガバナンスに関する会社の姿勢、方向性等が如実に反映されるところである。

【実例：武田薬品工業株式会社】

武田薬品もまた、報酬の目的全体を束ねる基本方針を設定し、「芯」を通している。

◆「当社の Vision」の実現に向けた優秀な経営陣の確保・リテンションと動機付けに資するものであること

◆常に患者さんに寄り添うという当社の価値観をさらに強固なものとする一方で、中長期的な業績の向上と企業価値の増大への貢献意識を高めるものであること

◆会社業績との連動性が高く、かつ透明性・客観性が高いものであること

◆株主との利益意識の共有や株主重視の経営意識を高めることを主眼としたものであること

◆タケダイズムの不屈の精神に則り、取締役のチャレンジ精神を促すものであること

◆ステークホルダーの信頼と支持を得られるよう、透明性のある適切な取締役報酬ガバナンスを確立すること

(第146回定時株主総会招集ご通知)

この方針も同様に、役員報酬の目的だけでなく、適正さの確保に関する方針も記載されている。

【実例：エーザイ株式会社】

この会社では、基本方針として、役員報酬の目的について以下のとおり定めている。

１．グローバルに優秀な人材を当社の経営陣として確保することができる
　報酬内容とする。

２．株主および従業員に対する説明責任を果たしうる公正かつ合理性の高
　い報酬内容とする。

３．経営の監督機能を担う取締役と業務執行を担う執行役の報酬等は、別
　体系とする。

４．取締役の報酬等は、取締役が、その職務である経営の監督機能を十分
　に発揮するのに相応しい報酬内容とする。

５．執行役の報酬等は、執行役が、その職務である業務執行に対し強く動
　機付けられ、大きな貢献を生み出せる報酬内容とする。

６．取締役と執行役を兼任する者の報酬等は、執行役の報酬等のみとす
　る。

７．執行役と使用人を兼任する者の報酬等は、執行役の報酬等のみとす
　る。

（下線筆者）

（第110回定時株主総会招集ご通知）

　下線を引いた部分は「報酬内容とする」という文末となっており、役員報
酬の目的を記載した条項となっている。その他の記述は、報酬制度の適切
性や目的達成の手段としての方針を定めた条項となっている。

第2節 事業と報酬の制度設計のリンク

　業務執行取締役の職務は、基本的には事業を遂行して会社に利益を計上させることにある。そして、上場会社役員は、事業計画と目標を立て、これを株主や投資家に開示し、その開示した事業計画に沿って事業を進め、計画年度が終了した段階で、計画が成功したか否かを判定する。そのとき、目標に達する利益等を獲得できたか否かが、成功か否かの重要な指標として機能することになる。したがって、業務執行取締役の報酬、特に業績連動報酬は、自社事業の特性とリンクして設計されたり KPI が定められたりしていなければならないことになる。

1　エーザイの場合

業績連動型報酬の決定プロセス

賞与	=	賞与基礎額	×	全社業績目標達成度*	×	個人別業績目標達成度
支給率：0〜225%				評価：0〜150%		評価：0〜150%

株式報酬	=	基本交付株数	×	全社業績目標達成度*
支給率：0〜150%				評価：0〜150%

＊連結売上収益、連結営業利益、連結当期利益（親会社帰属分）、連結ROEの目標達成度に基づき算定されます。

　報酬委員会は執行役の業績評価および業績連動型報酬（賞与、株式報酬）の個人別の支給額・交付株数を審議し、決定します。執行役の賞与および株式報酬は全社業績目標および各執行役の業績目標の達成度に応じて、それぞれ上記の計算式により算出されます。

　全社業績目標達成度は、連結売上収益、連結営業利益、連結当期利益（親

会社帰属分）および連結 ROE を評価し決定します。事業年度ごとに、各項目の達成度に基づき報酬委員会が全社業績目標の達成度を 0 ～ 150％の範囲で評価します。

この 4 つの評価指標を採用した理由は、年度の事業計画の達成に向けて数値目標として公表し、株主の皆様と共有している経営指標であること、また、連結 ROE については、持続的な株主価値の創造に関わる重要な指標と捉えていることです。報酬委員会では、これらの 4 指標が業務執行を評価する上で適切であると考えています。

個人別業績目標達成度は、各執行役の個人別業績目標の達成度に基づき、代表執行役 CEO から提案される個人別評価を報酬委員会が審査し、決定しています。なお、個人別業績目標は、各執行役が具体的な業績目標を掲げて、これに優先度に応じた配点ウエイトを定め、代表執行役 CEO と協議後、報酬委員会に提案し、報酬委員会がその妥当性を審議し、決定しています。その結果、執行役の賞与は賞与基礎額の 0 ～ 225％の範囲で支給され、株式報酬は基本交付株数の 0 ～ 150％の範囲で給付されます。

（第110回定時株主総会招集ご通知）

エーザイは、単年度の業績連動報酬については、連結売上収益、連結営業利益、連結当期利益（親会社帰属分）及び連結 ROE を業績評価の指標として用いているが、3 段落目で、なぜその指標を採用したかを簡単ながらも説明しているところに特徴がある。

その理由について、株主と共有している経営指標であるとともに、連結 ROE を持続的な株主価値の創造に関わる重要な指標と捉えている、と述べている。この点、株主との関連を理由としている一方、事業の特色や経営計画において求めている結果とのつながりについては、特に触れていない。

なお、エーザイでは、中長期の業績連動報酬は信託型の株式報酬のみとなっている。

2 キリンHDの場合

　キリンHDは、2022年12月現在、「長期経営構想 キリングループ・ビジョン2027（KV 2027）」「キリングループ2022年-2024年中期経営計画」及び「2022年単年度計画」を開示している。そして、これと平行して、ホームページ上で役員報酬についても開示を行っている。

　そこで、長期経営構想「キリングループビジョン2027」説明会の資料になっており、役員報酬との関連がわかりやすい「キリングループ2019年-2021年中期経営計画」において公表されている内容を検討する。

出典：キリンホールディングス株式会社HP「キリングループ2019年-2021年中期経営計画」

　まず、経営計画上の財務目標と非財務目標を明確化している。

　平準化EPS（1株あたり利益）成長を目指すとし、新たにROIC（利払前税引後利益／（有利子負債の期首期末平均＋資本合計の期首期末平均））を追加した旨を説明している。

コーポレートガバナンスとファイナンス
3ヵ年キャッシュ・フロー計画

既存事業の成長により創出した営業キャッシュ・フローは、第一優先的に成長投資に振り向けた上で、追加的株主還元への機動的なアロケーションも検討

営業キャッシュ・フロー 7,000億円	設備投資 3,100億円	**メリハリのある投資** ・維持・更新目的は抑制 ・資産効率と市場魅力度の高い案件に積極的かつ優先的に投資
	配当 2,100億円以上	**連結配当性向の引き上げ** ・平準化EPSの30%以上から40%以上へ
資産売却 等(注)	成長投資 (新規事業立ち上げ、M&A) 約3,000億円	**規律を持った投資判断** ・NPV 事業領域・地域ごとの資本コストを適用 ・ROIC

(注)ライオン飲料事業売却、その他の資産売却等を含み、金額は未定

出典：キリンホールディングス株式会社 HP「キリングループ2019年－2021年中期経営計画」

　そして、キャッシュ・フロー計画として成長投資と目標を設定しながらも規律を持った投資判断を行うとし、その指標として ROIC を明記している。ただし、なぜ ROIC が指標として適正かということの説明は書かれていない。

　次の段階として、こうしたキャッシュ・フロー計画の実現のための財務戦略とガバナンスの説明において、事業会社の資産効率(ROA)の継続的向上や財務目標の達成率と譲渡制限付株式報酬との連動を掲げている。その内容として、平準化 EPS 成長、グループ ROIC 2021年度10%以上、適正な D／E レシオによる格付け維持という、各種指標や目標と役員報酬の評価指標につなげている。

　181～182頁の資料のとおり、経営計画における財務上の目標である財務指標と役員報酬の関係は、比較的説明が容易である。こういった説明資料を充実させることで、株主・投資家の理解を得る、すなわち、会社の将

コーポレートガバナンスとファイナンス

企業価値の最大化に向けた財務戦略とガバナンス

KIRIN

既存事業の利益成長による **営業キャッシュ・フロー** **の創出**	無形資産投資〔ブランド、研究開発、情報化（一部）、人材・組織〕 新商品への投資	▶ 非財務目標の達成 ▶ 連結事業利益の達成率と年次賞与との連動
資産効率に応じたメリハリある **投資キャッシュ・フロー** （政策保有株式の縮減を含む）	無形資産投資（情報化（一部）） サプライチェーン強化投資、その他設備投資 （市場魅力度と資産効率に応じた優先順位づけ）	▶ 事業会社の資産効率（ROA）の継続的向上
資本構成と規律を維持 **財務キャッシュ・フロー**	安定的な配当（平準化EPSの40％以上） 成長投資（資本コストを踏まえた規律ある投資） 追加的株主還元の検討	▶ 財務目標の達成率と譲渡制限付株式報酬との連動 ・平準化EPS成長 ・グループROIC 　2021年度10％以上 ・適正なD/Eレシオによる格付け維持

企業価値の最大化

出典：キリンホールディングス株式会社HP「キリングループ2019年−2021年中期経営計画」

来性とともに、業務執行役員がこうした財務目標を実現するために職務を全うするという、役員の意思、気合い、意気込み等々をアピールすることにつながる。

　経営計画と役員報酬のつながりについては、このような資料を作成して経営計画、指標と役員報酬制度を説明することで、株主の理解が深まることになる。ただし、これらの資料をもってしても、役員報酬の水準についての説明は難しい。

目標達成に向けたガバナンス

役員報酬の評価指標

業績連動報酬	業績評価指標	
	2016年中計	**2019年中計**
年次賞与	・ 連結事業利益	・ 連結事業利益
譲渡制限付株式報酬 （譲渡制限期間は原則3年）	・ 平準化EPS ・ ROE	・ 平準化EPS ・ **ROIC**

事業会社の業績評価

キリンホールディングスは、グループ重要成果指標に連動する指標により事業会社をマネージする

（注）事業会社ROAにはEBITを用い、グループROICと連動させる

出典：キリンホールディングス株式会社HP「キリングループ2019年−2021年中期経営計画」

3 HOYA の場合

(1) 経営に関する説明

　HOYA は、以下のとおり事業計画を説明するとともに、事業計画と役員報酬の関係を記載している。ただし、キリン HD と異なり、中期経営計画はホームページ上からは発見できなかった。財務数値について詳しく述べている資料は少なく、以下が代表的なものである。

　この他に、ホームページ上では、売上収益、税引前利益、当期利益、売上収益当期利益率、親会社所有者帰属持分当期利益率(ROE)、1 株当たり当期利益(EPS)、資産合計、親会社の所有者に帰属する持分、親会社所有者帰属持分比率、設備投資額、減価償却費、フリーキャッシュ・フローについてグラフを付して開示している。

中期における注力ポイント

■主要項目の自己評価

項目	FY21実績	自己評価
連結 税前利益率	31.9%	++
連結 ROE	22.1%	++
ライフケア各事業の市場ポジション	横ばい〜微減	-
メディカル製品の収益性	微増	-

競争力の源泉となるR&Dの増加、新規事業の開発などに注力しつつも、課題であるライフケアの市場でのポジションやメディカル製品の収益性向上を図っていく。

業績概況

(億円)	Q4 FY20	Q3 FY21	Q4 FY21	YoY	QoQ
売上収益	1,514	1,713	1,696	+12%	-1%
税引前四半期利益	413	519	538	+30%	+4%
四半期利益	308	409	401	+30%	-2%
cf. 通常の営業活動からの利益	433	535	481	+11%	-10%
cf. 通常の営業活動からの利益率	28.6%	31.3%	28.4%	-0.2ppt	-2.9ppt

- Constant currency basisでは売上収益+7%、税引前四半期利益+25%
- 減損損失が前期51億円だったのに対し、今期は9億円であったため、税前利益が大幅増となった

出典：HOYA 株式会社 HP「2022年3月期第4四半期決算説明資料」

② 執行役報酬に関する説明

　HOYA は指名委員会等設置会社であることから、執行役の役員報酬の業績連動性がポイントとなる。特に、HOYA の場合は、業務執行を行う取締役、すなわち取締役兼執行役は代表執行役である CEO と CFO のみであり、その他の取締役は全員社外取締役であることから、執行役報酬について業績連動性が重要となる。

執行役の報酬は、固定報酬、年次インセンティブ（業績連動賞与）および中長期インセンティブ（パフォーマンス・シェア・ユニット）としています。固定報酬は、各執行役の役職・職責（代表執行役、最高財務責任者など）に応じて、当社経営環境、社外専門機関調査による他社水準などを考慮して適切な水準で設定しています。また、海外駐在の際の負担補助（住居等）も、当社経営環境、社外専門機関調査による他社水準などを考慮して適切な水準で設定しています。

年次インセンティブは、定量的な業績と定性的な評価で決定され、概ね0％～200％の範囲で変動します。定量的な業績指標は、連結業績における売上収益、親会社の所有者に帰属する当期利益、1株当たり当期利益（EPS）を採用しています。

(HOYA 株式会社 HP「HOYA 統合報告書 2022」)

　執行役の報酬体系として、固定報酬、年次インセンティブ(STI)として業績連動賞与、中長期インセンティブとして株式報酬を基本とする PSU（パフォーマンス・シェア・ユニット）を導入している。

　まず、年次インセンティブとして重視する KPI について、売上収益、1株あたりの当期利益(EPS)を明示している。そして、変動範囲として固定報酬の 0 ～ 200%の範囲で変動すること、定性的な評価を導入することを明示している。

　また、PSU は、重視する KPI として、売上収益、1株あたりの利益(EPS)、ROE 及び ESG 指標を明示している。これらの実績は、上述のとおり同社ホームページにて別途開示している。

●パフォーマンス・シェア・ユニット (PSU)

当社は、2019年度より従来のストック・オプションに代えて、PSU を導入しています。予め定めた業績条件の達成度に応じて株式を交付する制度で、業績目標の達成度合に応じた支給率は、3事業年度の業績に基づき0～200％の範囲で変動します。なお、3事業年度の業績指標は、連結決算における売上収益、1株当たり当期利益 (EPS)、ROE を選定し、2022年度より新たに ESG 指標を導入しました。PSU は、当社の執行役の中長期業績および企業価値向上に対する意欲や士気を高めるとともに、競争力のある報酬水準とすることで優秀な人材の確保を目的とします。

本制度では、対象者の役職・職責に応じた基準交付株式数を決めたうえで、下表の中長期業績目標の達成度に応じて、当社株式の割り当て、もしくは時価相当額の金銭を支給します。

基準交付株式数			中期業績目標		
役職・職責	基準交付株式数		指標の種別	目標値 (連結)	指標の選定理由
CEO	7,300株	× 財務指標※1	売上収益	7,600億円	国内外市場での当社グループの成長力を計る指標として選定
CFO	4,200株		1株当たり利益 (EPS)	560円	株主と同じ目線で会社の成長度を計る指標として選定
CBDO / CLO	3,400株		ROE	20.00%	株主の投資額に比して効率的に利益を獲得したか計る指標として選定
CSO	3,200株	ESG指標	外部機関による評価※2 重視する ESG テーマへの取り組み状況		ESG の観点からのサステナビリティに関する取り組みを計る指標として選定

※1 目標値は当社経営環境、マーケットコンセンサス等を参考に設定したものであり、業績予測ではありません。
※2 CDP、MSCI、Sustainalytics の3社による評価を用います。
上記は2022年度から2024年度の3事業年度の目標値です。

（HOYA 株式会社 HP「HOYA 統合報告書 2022」）

以上のとおり、HOYA の執行役報酬については、比較的シンプルな設計ながら、経営と経営指標のつながりについて、「指標の選定理由」を述べる等、丁寧な開示となっている。

③ 取締役報酬の説明

HOYA では、社外取締役に対しても、固定報酬に加えて業績連動性を有する株式報酬を支給している。従前はストック・オプションを支給することとしていたが、2022年度から、ストック・オプションを廃止して事後交付型譲渡制限付株式報酬制度を導入している。

●取締役報酬に関する方針

（略）

2022年度よりストック・オプションに代えて、リストリクテッド・ストック・ユニット（以下、「RSU」といいます。）を導入します。毎年、同年からの３年間を対象期間として、社外取締役に対して固定報酬相当の基準交付株式数を提示し、当該対象期間終了後に基準交付株式数の当社株式の時価相当額の報酬基準額を決定します。当社は、社外取締役に対して、当該報酬基準額の50％の金銭報酬債権を支給します。社外取締役は当該金銭報酬債権を現物出資して、当該金銭報酬債権額を当社株式の払込金額で除した数の株式の割当てを受けます。また、納税資金確保の観点から、残存する報酬基準額に相当する金額が金銭として支給されます。翌年度以降も以後３事業年度を対象期間とする RSU を発行していく予定です。

【今後の報酬の構成比率】
固定報酬：中長期インセンティブ（RSU）＝１：１程度

※３年後の株価が付与時と同程度の場合の目安

業務執行を行わない社外取締役に対して株式報酬を支給することに関しては、株主から反対される可能性がある。一律反対、監査を行う役員については反対、業績連動性があれば反対、個別に判断等、議決権行使の基準は様々である。このような投資家の動向を意識してか、過度の業績連動性やエージェンシー問題が生じにくいよう、固定報酬額相当の支給として金額を固定し、3年間の待機期間を設ける等の仕組みとしている。

また、役員の納税資金の確保のため、株式報酬のうち半分は株式を支給し、残額は金銭による支給としていることを明記している点が特徴である。

なお、この株式報酬については、監査委員である社外取締役を除外していないため、不正リスク等の観点から、必ずしも全ての機関投資家が納得するとは限らないことに留意する必要がある。

4 トヨタ自動車の場合

トヨタ自動車の場合は、役員報酬に関する理念を説明した上で、役員報酬の基本方針を以下のとおり説明している。

●2022年3月期 有価証券報告書

> ・中長期的な企業価値向上に向けた取り組みを促すものであること
> ・優秀な人材の確保・維持できる報酬水準であること
> ・経営者としてより一層強い責任感を持ち、株主と同じ目線に立った経営の推進
> を動機付けるものであること

そして、業績連動報酬については、KPIと経営指標のつながりを開示している。

〈各項目の考え方〉

連結営業利益	当社の取り組みを業績で評価する指標
当社時価総額の変動率	当社の取り組みを株主・投資家が評価する企業価値指標
個人別査定	役員一人ひとりの成果を定性的に評価

また、その指標に基づく評価結果を以下のとおり開示している。

〈指標の評価方法と基準、当事業年度の評価結果〉

	評価ウェイト	評価方法	基準	当事業年度の評価結果
連結営業利益	70%	当社の持続的成長に向けた必要利益（2011年設定）を基準とし、当事業年度の連結営業利益の達成度を評価	1兆円	210%
当社時価総額の変動率	30%	当社時価総額とTOPIXの前事業年度（1-3月平均）を基準とし、当事業年度（1-3月平均）までの時価総額変動率を相対評価	当社：22.3兆円 TOPIX：1,903.60	

　なお、ひととおり開示しているとはいえ、役員報酬の設計や内容について、グラフや図面を使ってはいない。役員報酬制度のイメージをつかみやすいかという観点から同社と前述のキリンHDやエーザイとを比較すると、後者に軍配が上がるのではなかろうか。

第3節 報酬水準の設定

1 役員報酬水準の決定

役員報酬を決定する上では、報酬水準の設定も大切である。

役員報酬の金額については、絶対的に正しく誰もが納得する金額というものは存在しない。そのため、役員報酬の金額について、役職に応じて金額の範囲が決まるという、報酬の水準が重要になる。

報酬の水準を決定する要素としては、当該会社の規模や業種が基本となることが多い。そのため、同業他社の水準と比較して定めていることを開示している会社もある。また、優秀な人材を確保するために、同業他社よりも高い水準とすることも考えられる。

もっとも、多くの日本の会社においては、従前からの報酬水準を大幅に引き上げたり引き下げたりすることは難しいとしている場合や、従業員の給与水準とあまりかけ離れないように、という考え方がとられる場合もある。そうすると、同業他社との比較は考えられるが(同業者間での情報交換により、同業者間ではあまり差が出ない例もあり得る)、会社規模の違いが報酬水準に反映されるかどうかは別問題となろう。

参考にする他社の報酬水準のグループについては、ピアグループとして、同種・同規模、同規模、同種と概ね3種類に分けられ、どのようなピアグループを参照しているかは、各社により異なることになる。

2 役員報酬水準の実例

1 要素を明確に書かない実例

報酬水準を決定する要素を書かないものが以下の実例である。

【実例：キリンホールディングス株式会社】

> 当社の役員報酬は、以下の方針に基づき、指名・報酬諮問委員会で審議
> し、取締役会へ答申しています。なお、審議に当たっては、外部調査機関
> の役員報酬調査データによる報酬水準、業績連動性等の客観的な比較検証
> を行い、答申内容に反映させています。
>
> （キリンホールディングス株式会社HP「役員報酬／役員報酬の基本方針」）

この開示では、「報酬水準」という言葉は使われているが、その水準を採
用したピアグループが明確ではない。つまり、同業他社か否か、一部国外
を用いているか国内のみか、また、国外であればどの経済圏(EU、米国、ア
ジア、etc.)なのか、全く触れていない。

2 要素を記載している実例

【実例：株式会社資生堂】

> （前略)報酬額の水準については、国内外の同業または同規模の他企業と
> の比較および当社の財務状況を踏まえて設定しています。
>
> （第122回定時株主総会招集ご通知）

この会社は、「国内外」と外国の会社も加え、更に、「同業または同規模

の他企業」(必ずしも、同規模の同業他社には限定していないようである)を参照するとともに、当社の財務状況を踏まえて設定している、とのことである。自社の財務状況を考慮するのは常識的な考え方であることから、国外の会社を参照するかどうか(ただし、為替相場及び当該国の物価の影響を受けるので、一定の考慮が必要である)、同業他社や同規模異業種他社の水準を使うかどうか、といったところがポイントとなる。

【実例：武田薬品工業株式会社】

> 企業価値を追求する、グローバルな研究開発型のバイオ医薬品企業への変革を牽引し続ける人材を確保・保持するため、グローバルに競争力のある報酬の水準を目標とします。
> 取締役報酬の水準については、グローバルに事業展開する主要企業の水準を参考に決定しています。具体的には、外部調査機関の調査データを活用した上で、取締役の役職毎に、当社の競合となる主要なグローバル製薬企業の報酬水準および米国・英国・スイスの主要企業の報酬水準をベンチマークとしています。
>
> (第146回定時株主総会招集ご通知)

武田薬品は、資生堂よりも更に丁寧に説明している。国外水準の採否、同業他社の水準の採否、また、同規模他社の水準の採否を明確にすることは基本的な要素であるが、この会社の場合は、それだけではない。

まず、報酬水準に関する考え方を「目標」として説明している。「考え方」としていない理由は、おそらく、業績向上による報酬水準の向上を「目標」としたいという希望があるのではないかと推察される。

そして、国内外を区別するのではなく、「グローバルに事業展開する主要企業」を参考としていることに特色がある。そして、「具体的には、外部調査機関の調査データを活用した上で、」として(ただし、他業種の報酬水準を

考慮したかどうかは明確でない)、「取締役の役職毎に、当社の競合となる主要なグローバル製薬企業の報酬水準および米国・英国・スイスの主要企業の報酬水準をベンチマークとしています」と、同業他社かつグローバル企業の報酬水準をベンチマークとしている旨を説明し、ビジネス形態が類似する企業の報酬水準をピアグループとして考慮することを明確にしている。

　更に、具体的な国家を列挙していることも特色である。これは、ライバルであるグローバル製薬企業の本社所在地を意識するとともに、多数選任している外国籍かつ国外居住者である取締役(ただし、招集通知上国籍は記載されていない)の生活に応じた報酬水準とすることを意識しているのではないかと推察される。

3　従業員の延長線上か、一線を画するか

　役員報酬の金額水準に関しては、「従業員の給与とのバランス」を理由に挙げる会社もある。

　従業員が出世して取締役に就任することが多い日本の会社においては、そのような報酬水準は合理性を持つであろう。しかし、立場が全く異なる両者間でバランスを考慮することが妥当かについては議論がある。

　従業員と業務執行取締役について比較すると、次表のとおりとなる。

　このように、従業員と業務執行取締役の報酬・給与の差は大きい。管理監督者については、従業員の中では広汎な権限と裁量を有しており、従業員の中でも業務執行取締役に近いことから、これとリンクして業績連動性が強い報酬を受領していたり、あるいは、委任型の執行役員とは金額が接近したりしているであろう。

　もっとも、従業員は、基本的には、業務執行取締役とは職務形態が大きく異なる。従業員は決まった時間に出勤して指示された職務を行い、定時で帰宅し、残業をすれば残業代がもらえ、基本的に終身雇用である(ただし、近時は役職定年や転籍出向等、必ずしも安定した身分とは限らない)。

《役員報酬と従業員給与の比較》

	役員報酬	従業員給与
報酬決定者	経営トップ or 報酬委員会	経営トップ or 取締役会
残業代	な し	あり（管理監督者を除く）
勤務時間の規定	な し	あ り
賞与の損金算入	要件多い	容 易
賞与の支給時期	株主総会直後	時季・回数の制限はない
任 期	1〜2年	契約期間又は終身雇用
職務の裁量	広 い	狭い（ただし役職による）

　これに対して、業務執行取締役の場合は、勤務時間も休日の概念もな
く、24時間会社の業務を執行する建前となっており（無論、個人の時間が全く
否定されるわけではないが）、何かあった場合には、善管注意義務に照らし
て、私生活を犠牲にすることもあり得る。また、身分は全く保障されず、
任期は 1 〜 2 年であり、建前上は株主総会において再任させるかどうか
最終的に決定されるが、実質的には、指名委員会や経営トップの意向によ
り、不安定な立場である。

　なお、経営トップの場合、身分が保障されていないこと等は他の業務執
行取締役と同様であるが、大きな違いは、再任を決定付ける上位の役職者
がいないことである。そのため、市場の圧力により自ら退任するか、指名
委員会から退任を求められるか、（全ての会社ではないが）顧問・相談役から
退任を求められるか等、自分だけでは再任を決定できない点で、不安定な
地位にあることは間違いない。

　そのため、自由度は低いが比較的安定している従業員と、自由度が高い
代わりに責任が重く身分が不安定な業務執行取締役の報酬が同一でよいの
か、という問題がある。

4 ペイ・レシオ

　近時注目を集めている役員報酬に関する指標として、「ペイ・レシオ (Pay Ratio)」というものがある。これは、CEO と従業員の報酬格差比率のことである。米国では、オバマ政権下で制定された金融規制法「ドッド・フランク法」で開示が義務付けられ、2018年から開示が始まった。主に、金融機関の経営者報酬が高額過ぎることから、これを牽制する目的で、他のルールとともに導入された。

　実例を見ると、S&P 500種株価指数の構成銘柄でペイ・レシオが最も大きかったのは、自動車部品大手のアプティブで、同社は5,294倍にも及ぶ給与格差がついている。この点、会社側は「最高経営責任者(CEO)の株式報酬に関する会計上の処理が必要になり、実際の報酬額より値が大きくなっている」と説明するが、その調整がなくとも格差は2,000倍を超えるとのことである。

　英国でも、やはり金融機関の経営者の報酬が高額過ぎることを牽制するために、CG コードの改訂に際して開示制度が導入され、2019年1月から適用されている。その内容としては、当該年度に最高経営責任者(CEO)を務めた取締役(director)の給与・諸手当の額を、従業員の給与・手当額の中位値及び第25百分位、第75百分位の額でそれぞれ除した比率、並びに算定に使用したデータの種類を公表しなければならない、というものである。そして、その試算結果については、上場会社319社の役員報酬と従業員報酬の平均額(全会社の従業員の中位数は得られないため)から、2016年時点の報酬比が57倍というものもあれば、FTSE 100を対象に行った試算結果で2016年時点で129倍というものもある(独立行政法人労働政策研究・研修機構HP「役員と従業員の報酬比の公表、義務化へ─役員報酬の抑制策として」参照)。

　日本ではどうなっているかというと、過去10年でほぼ横ばいであり、2011年度まで遡り、各年度の最大・平均・中央値・最小を調べてグラフ化したところ、最大の会社でも、ペイ・レシオは100〜300倍程度だったようである。

	業容	ペイ・レシオ（倍）	CEOの年収	従業員の年収の中央値	株価騰落率
アプティブ	自動車部品	5294倍	34.4億円	65.0万円	209.1%
ウエスタンデジタル	半導体	4934	41.9	84.9	51.9
ギャップ	アパレル	3113	24.1	77.4	279.7
ペイコム・ソフトウェア	人材管理ソフト	2963	232.3	783.8	142
チポトレ・メキシカン・グリル	レストラン	2898	41.8	144.4	190.9
ロス・ストアーズ	百貨店	2020	19.3	95.4	36.1
ヒルトン・ワールドワイド	ホテル	1953	61.5	314.7	83
コカ・コーラ	飲料	1621	20.2	124.8	27.3
アクティビジョン・ブリザード	ゲーム	1560	170.1	1090.1	38.5
ロイヤル・カリビアン	クルーズ	1395	13.3	95.3	157.2
GE	コングロマリット	1357	80.5	593.2	65.9
アライン・テクノロジー	歯列矯正装置	1298	17.1	131.6	307.6
ヤム！ブランズ	ファストフード	1286	16.1	125.1	91.2
スカイワークス・ソリューションズ	半導体	1271	24.0	188.6	105.3
スターバックス	喫茶店	1211	16.1	133.2	78.7
マクドナルド	ファストフード	1189	11.9	100.4	43.6
ノーウィジアン・クルーズ・ライン	クルーズ	1188	40.0	337.0	135.8
VFコーポレーション	アパレル	1168	17.4	148.6	41.4
ダビータ	ヘルスケア	1137	80.8	710.8	71.9
TJXカンパニーズ	アパレル	1108	16.0	144.4	52.1

ペイ・レシオの順位は米労働総同盟・産別会議（AFL－CIO）調べ。AFLのデータ集計後に新たな開示があった場合は手元で更新。年収は1ドル＝110円で円換算。株価騰落率は20年3月末～21年8月末、従業員の対象は、世界中の雇用者かつ非正規社員も含むため、新興国で雇用したり、非正規の多い業態ほど年収の中央値（順番に並べ、真ん中に来る位置）は低くなりやすい

出典：日本経済新聞電子版「社長と社員の報酬差、米は最大5294倍　日本は174倍」2021年9月22日より抜粋

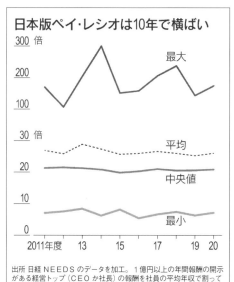

日本版ペイ・レシオは10年で横ばい

出所 日経NEEDSのデータを加工。1億円以上の年間報酬の開示がある経営トップ（CEOか社長）の報酬を社員の平均年収で割って計算

出典：日本経済新聞電子版「社長と社員の報酬差、米は最大5294倍　日本は174倍」2021年9月22日より抜粋

そして、目立つところでは、2020年度の武田薬品の約174倍である。もっとも、武田薬品の場合、比較対象の取締役が外国人であり、報酬水準が日本人取締役と異なる可能性があることや、人材獲得のために高額の報酬にしなければならなかった等の事情もあるであろうから、一概に日本の会社を代表する数値とはいえないだろう。

　また、2018年度のアバンティアと2017年度のソニーは退職慰労金が合算されているため、倍率が高いとはいえ、参考にはならないものと考えられる。

ペイ・レシオが大きい企業は外国人トップのほか、退職慰労金や成果報酬の影響が大きい

	【最大】		経営トップ	年間報酬	社員の平均年収
2020年度	174倍	武田(4502)	クリストフ・ウェバー	18.74億円	1076万円
19	143	ユニバーサル(6425)	富士本　淳	8.87	619
18	237	アバンティア(8904)	宮崎　宗市	12.78	538
17	205	ソニーG(6758)	平井　一夫	20.86	1013
16	158	OSG(6136)	大沢　輝秀	10.99	695
15	151	ユーシン(上場廃止)	田邊　耕二	8.82	583
14	299	SANKYO(6417)	毒島　秀行	21.76	726
13	204	ミスミG(9962)	三枝　匡	9.00	441
12	106	日本調剤(3341)	三津原　博	5.89	554
11	169	アールビバン(7523)	野澤　克巳	7.70	454

出所 有価証券報告書より日経NEEDSのデータを加工。経営トップはCEOまたは社長、敬称略

出典：日本経済新聞電子版「社長と社員の報酬差、米は最大5294倍　日本は174倍」2021年9月22日より抜粋

　もっとも、日本の役員報酬については、金額自体が欧米と比較して低いため、ペイ・レシオが米国よりも低いことをもって役員報酬をより引き上げてもよい（ただし、固定報酬額について引き上げることは異論が多いかもしれない）、という意見につながるかもしれない。つまり、欧米で制度導入のきっかけとなった「金融機関の役員報酬の極端な高額化」という実態が日本にはないことから、役員報酬を引き上げてよいのでは、という逆方向の主張にペイ・レシオが使われる可能性がある。無論、実績を上げた取締役の

報酬が増額されるのは決して悪いことではないが、従業員の平均給与の増額と役員報酬の増額のどちらを優先するか、という問題は別途検討する必要があるのかもしれない。

5　オーナー取締役と役員報酬

		社員が高給で知られる企業のトップは意外にもらっていないケースも	経営トップ		年間報酬	社員の平均年収
2020年度	【最小】 7.1倍	SBG(9984)	孫　正義		1億円	1404万円
19	6.2	日本商業開発(3252)	松岡　哲也		1.20	1921
18	7.3	キーエンス(6861)	山本　晃則		1.56	2110
17	6.6	キーエンス(6861)	山本　晃則		1.38	2088
16	5.3	キーエンス(6861)	山本　晃則		1.00	1861
15	8.1	ヒューリック(3003)	西浦　三郎		1.05	1295
14	6.1	キーエンス(6861)	山本　晃則		1.02	1648
13	8.3	東京海上(8766)	永野　毅		1.16	1387
12	7.5	フジHD(4676)	豊田　皓		1.11	1479
11	7.0	フジHD(4676)	豊田　皓		1.06	1510

出所 有価証券報告書より日経NEEDSのデータを加工。経営トップはCEOまたは社長、敬称略

出典：日本経済新聞電子版「社長と社員の報酬差、米は最大5294倍 日本は174倍」2021年9月22日より抜粋

　上記の一覧表によれば、SBG（ソフトバンクグループ）の孫正義代表取締役会長兼社長の2020年度の役員報酬は連結で1億円である（2021年度も総額はあまり変わっていない）。一部上場会社の中で1億円以上の報酬を受領している会社役員について公表された新聞記事を見る限り決して人数は多くないため、同氏は多額の報酬を受領していると評価できるかもしれない。しかし、同社の売上額が約5.6兆円、親会社の所有者に帰属する包括利益が約5.5兆円（いずれも2020年度）という金額を踏まえて、これらとの比率を考えるとどうであろうか。

　そして、ソフトバンクグループでは、2020年度に1株あたり年間44円の配当を行っている。孫氏の持株数が4億6,016万1,000株（26.47%）であることから、その配当額は200億円を超える。実は、オーナー取締役につ

いては、持株数が多数であれば、配当金と比較すると役員報酬がわずか（同氏の場合200分の1程度）になるため、あまりモチベーションに影響がないと予想される。そして、孫氏は筆頭株主そのものであるため、株主との利害は一致し、配当を積極的に行うことは自身の利益にもつながっていることから、役員報酬のSame Boat性はあまり気にしなくてもよいということになる。

また、上記一覧表には記載されていないが、ファーストリテイリングも同様で、柳井正代表取締役は、2022年8月期において、2,203万7,000株（21.57%）を保有する主要株主であり、連結ベースで役員報酬4億円を受領している。一方、年間配当金は1株あたり620円で、柳井氏の受取配当額は約137億円となり、役員報酬はその約3%に過ぎないため、役員としてのモチベーション以上に株主としてのSame Boatが機能していることになる。

このように、オーナー取締役がいる会社の場合、役員報酬制度は、大口株主でない取締役のインセンティブ向上等のために設計することになるのが原則であろう。また、役員報酬の水準も、専らオーナーでない取締役について検討することになろう。

もっとも、オーナー取締役が退任した後も、コーポレート・ガバナンスの効果により経営が順調に継続することを望むのであれば、残った役員は大株主ではなく配当が報酬を上回ることはないことを踏まえた上で、監督機能を果たすことができる役員報酬制度を設計し、また報酬水準を決定しなければならないことになる。

役員報酬額を聞く？ 聞かない？

　企業に対して社外役員を紹介する事業をしている方に話を聞きました。

　日本のビジネス経験者を社外役員候補者として勧誘すると、就任する会社についての質問は色々受けるものの、役員報酬額についてはほとんど質問がないらしいのですが、ある日本企業の出身者からはよく役員報酬額を聞かれるそうです。その会社は、コーポレート・ガバナンスが先進的で、社内の雰囲気も日本の伝統企業とは大きく異なるということでした。

　社外役員の仕事は年々負担が増しているので、相応の報酬をもらわなければ割に合いません。しかし、日本の文化ではおカネの話をすることは「はしたない」ということになっているのかもしれません。

　そのため、引き受けたけれど負担の割には報酬が安い、という不満を持つ社外役員もいるでしょう。

　そうならないよう、「はしたない」という考えは横に置いて、しっかりと金額を聞くことも重要な時代となっているようです。

第4節 報酬比率の決定

1 会社の状況と報酬比率

　これまで様々な形の報酬を紹介してきたが、具体的にどの形を採用し、どのような割合とするかが重要となる。

　例えば、グロース市場に上場してまだ間がなく、成長の可能性が大きいものの利益はさほど計上できず、また、キャッシュが潤沢にはなく配当金もわずかな会社であれば、金銭報酬は役員の生活保障として固定報酬を支給するが、その金額は最低限に抑え、株式報酬の比率を高めて業績連動性を強く打ち出し、会社の成長に向けて経営者が全力を尽くす構図となる。

　もっとも、自己株式を取得してこれを報酬として処分することや、信託を利用した株式報酬は、キャッシュが必要なため実際には利用できない。したがって、ストック・オプション又は譲渡制限付株式報酬が現実的な選択肢となる。ただし、あまりにも多数の新株を発行する場合には、株式の希釈化が起こって投資家の反発を招く可能性があることから、報酬として支給する数はさほど多額のものとはならないであろう。

　一方、成熟している会社については、安定的に利益を計上し、またキャッシュも潤沢にあることから、報酬制度の設計については自由度が高くなる。とはいえ、固定報酬の比率が高くなると、真剣に働いたりビジネスのイノベーションを起こしたりしても報酬があまり変わらないため、力が入りにくいと考える経営者も少なくないであろう。

　逆に、何もしなくても安定した報酬がもらえるため、経営者がリスクを取らない経営を行うことも考えられる。特に、社長や会長の在任期間が内規や慣習で決められている場合、リスクを取って失敗し、短期間のうちに辞任を迫られるよりは、何もせずに安定した経営を行って、内規上の任期

を満了すればよい、という経営方針を採用するトップがいても不思議ではない。そのような経営方針の場合、時代の流れが速い現代では、「安定経営」ではなく「じり貧経営」になってしまう可能性が高い。これでは、投資家としても投資した資金が寝ることになり、歓迎できない。

このような傾向は固定報酬比率が高いほど強くなることから、固定報酬比率を下げ、業績連動性のある賞与や株式報酬等の比率を上げることで回避することが考えられる。投資家はこうしたことを熟知しており、固定報酬の比率が高い上場会社に対しては、固定報酬比率を下げ、業績連動報酬比率を上げるよう求めることが少なくない。

逆に、業績連動比率が高い場合、投資家は諸手を挙げて賛成するかというと、そうではない。業績連動報酬の比率が高過ぎる場合、経営者は、安定した経営は目指さないものの、短期的な業績を強く志向することとなり、無謀な営業計画や従業員に無理を強いる施策、また、不正な方法による利益獲得等リスキーな経営を行う可能性が高まる。実際、欧米では金融機関の不正や無理な経営による倒産等が発生したが、その背景として過剰な業績連動報酬制度が問題とされ、その結果、報酬に関する規制や業績連動報酬の開示等の制度改正が行われるようになった。

このように、固定報酬と業績連動報酬の比率の適正については、投資家の関心が高く、会社としても正面から検討をすることが大切である。

2 比率を設ける報酬の種類

① 固定報酬：業績連動報酬

まずは、固定報酬と業績連動報酬の比率を定めることで大きな方針が固まり、また、役員報酬を支給される業務執行取締役から見ても全体像を理解することに役立つことになる。

例えば、固定報酬の割合が高く業績連動報酬の割合が低い場合は、会社

の利益よりも安定した業務執行が求められると理解されるであろう。通常は管理部門、特に監査部門や総務部門が想定される。逆に、業績連動報酬の比率が高い場合は、営業や経営企画等の直接部門、全体の責任者である社長・会長であることが想定される。

② 固定報酬：短期業績連動報酬：長期業績連動報酬

　会社の求める業績について、短期業績と長期業績に分け、そのどちらを追求するかを報酬の比率において明示し、業務執行取締役に伝えるとともに、株主にも伝えることが主眼となる。

　この場合は、会社の求める利益が短期か長期かということが分類の基準となる。そのため、短期業績連動報酬(STI)はほぼ単年度金銭賞与に限定されるが、長期業績連動報酬(LTI)については、金銭報酬(複数事業年度賞与、ファントム・ストック等)と株式報酬の双方を合わせることになる。

③ 固定報酬：業績連動金銭報酬：株式報酬

　この場合は、報酬の種類に応じた比率を開示することになる。厳密にいえば、業績連動金銭報酬の中には、単年度賞与と長期業績連動報酬である金銭報酬の2種類あるが、この比率を開示する場合は、業績連動金銭報酬は単年度賞与のみとすれば、長期業績連動金銭報酬を導入せず、STIとLTIが混在することが避けられることになる。

　そのため、多種類の報酬を組み合わせた報酬制度とする場合は、STIとLTIに分けて比率を開示したほうが、より株主・投資会に対して正確な開示になるものと思われる。

3　比率の決定方法

それでは、どのように比率を決定するか。

(1) 固定報酬：業績連動報酬の比率

まずは、固定報酬と業績連動報酬の比率を決定することになる。

急激に固定報酬の水準を下げ、業績連動報酬の結果によっては大幅に総支給額が減少するような比率とすることは、業務執行取締役のモチベーションを下げかねないので、あまり勧められない。まずは固定報酬額を下げずに業績連動報酬を追加する仕組みか、あるいは、固定報酬額は下げるものの、ある程度の業績を達成すれば報酬水準が下がらない程度にとどめる仕組みとして、業績連動報酬の衝撃を小さくすることが現実的である。

もし、それでは株主に対するアピールが少ないというのであれば、1年ごとに固定報酬の比率を下げ業績連動報酬の比率を上げることで、衝撃を和らげつつ業績連動性を高めることができる。

そして、こうした固定報酬と業績連動報酬の比率は、業績が「最悪の場合」と「最良の場合」と「標準的な場合」とで異なってくるであろうから、そうしたパターンに分けて比率を決定することも重要である。

(2) STI：LTI の比率又は業績連動金銭報酬：株式報酬の比率

次に、業績連動報酬の中の STI と LTI の比率や、業績連動金銭報酬と株式報酬の比率を定めることが必要となる。この比率については、まず、会社の経営方針において長期業績と短期業績のどちらを追求する事業かということが理論的に分析された上で、比率に反映されなければならない。

次に、株式と金銭の比率も重要である。金銭の場合は金額が一定程度決まっており、業績に伴う結果が明確にわかるが、それは予測可能性が高いということであるから、「望外の多額な報酬」にはなりにくい。これに対

し、株式の場合は、業績が良ければパフォーマンス・シェアや金銭賞与を受けられるだけでなく、譲渡制限株式やパフォーマンス・シェアの株式の株価も上昇するというように、メリットが複数ある。特に、株価は大幅な下落がある一方大幅な上昇もあり得る。賞与を受けられるような好業績の時は通常株価も高く、インセンティブとしての効果は非常に高いものとなり得る。

　こうした金銭報酬と株式報酬の特質を理解した上で比率を定めなければならない。

4　他社や外国の報酬比率との比較

　報酬水準と同様、報酬の比率についても、他社や諸外国との比較が重要になる。例えば、固定報酬比率が高い会社と低い会社のどちらに投資をするか、また、株式報酬の比率が高い会社と低い会社のどちらに投資をするか、ということを投資家の立場で考えることが大切である。

　諸外国では、CEO（経営トップ）の固定報酬と業績連動報酬の比率について、米国では１：９、あるいは、欧州の場合は2.5〜３：７〜7.5と業績連動報酬の割合が高い。一方、日本は１：１となるか固定報酬がやや大きいかという比率となっており、日本の上場会社におけるSame Boat性は欧米より弱いということになろう。経営トップ以外の役員については、もう少し固定報酬の比率が高いであろうが、やはり日本のほうが固定報酬の比率が高いようである。

短期インセンティブ報酬 (STI) の設計

　短期インセンティブ報酬については、通常、１事業年度ごとの業績連動報酬となる。また、支給形態も金銭でシンプルであるため、設計についてはさほど多くの要素はない。

1　KPI の設定

　KPI については、何種類採用するか、ということと、比率をどう定めるか、ということの双方を決定し、それぞれを利用した算式等を定めることになる。また、役職ごとに異なる支給額等を設定する場合は、予め算定表を作成の上、どのような場合にどの算定表を用いるか等を決めておくという方法も考えられる。

　利益に関する指標としては、営業利益、経常利益、ROE、当期純利益、売上高(ただし、他の利益の指標とセットでないと損金算入はできない)等がある。

　例えば、当期未処分利益等のどれをいくつ採用し、比率を定めどのように算式等によって評価して報酬を算定するか、どの役職の者がどのような水準で賞与を支給されるか、を決めることになる。

2　KPI や支給結果の比率

　また、KPI の比率についても、これを定める場合もあれば、結果的にどのような比率になったか、ということが業績連動報酬の効き目との関係でひとつの判断要素となる場合もある。

　したがって、この比率を定めるか、又は支給結果によりどのようになっ

たかという比率を開示するか、ということを検討することになる。

第6節 長期インセンティブ報酬 (LTI) の設計

1 スキームの確定

　LTI は STI と異なり、多様な報酬制度がある。そのため、まずは、導入するスキームを確定する必要がある。

　そのうち、最初は金銭報酬と株式報酬の双方を導入する（一方のみ導入する会社もあるだろうが、双方を導入する会社のほうが多いのではと考えられる）こととし、次に、金銭報酬と株式報酬の双方の種類を決定することである。

　例えば、業績連動金銭報酬であっても、利益連動報酬として、中期経営計画の期間である 3 年間の経常利益に一定割合を乗じた複数年賞与も考えられ、また、3 年間通期の ROE が 8 ％以上であれば段階的に賞与額を算定する方法もある。また、株価連動報酬として、ファントム・ストックやストック・アプリシエーション・ライトを採用し、中期経営計画開始時の株価と終了時の株価を比較して賞与額を算定するということも考えられる。

　株式報酬の場合は、期間制限を設けた譲渡制限株式か、株式賞与であるパフォーマンス・シェアか、ということがポイントになる。この場合、譲渡制限株式は付与時から譲渡制限解除までの期間を設定することが通常であろうが、パフォーマンス・シェアの場合は、（税務上）業績要件も付することが可能であることから、株式報酬に業績要件をどのように設けるかどうか、ということがポイントになる。

　また、資金が潤沢にあるか、報酬スキームの実施にコストをかけられるか、配当金を取締役が受領できるか、という要素を考慮することも必要である。

2　KPIの選択

　LTIでも、STIと同様、業績要件を設定する報酬については、KPIの選択が重要となる。

　例えば、譲渡制限付株式報酬のように業績要件を設定せずに期間のみを設定した場合は、事実上株価がKPIとなる。また、業績連動金銭報酬や、株式報酬であってもパフォーマンス・シェアや業績要件型の株式交付信託の場合は、KPIを設定することになる。

　KPIとしては、STIと同様に営業利益、経常利益、当期未処分利益、ROEの他に、株価に連動した(TSR：Total Shareholder Return：期初から期末までの株価上昇額と配当額の合計)等も採用されている。

3　期間の設定

　LTIの場合、複数事業年度をまたぐことで、役員に長期的な利益を追求することについてインセンティブを持ってもらう仕組みであることから、その期間も大切である。その権利付与から権利確定までの業績連動報酬の期間を「ベスティング期間」というが、この期間をどう定めるかが重要となる。

　よく見られるのが、中期経営計画の始期に付与し、経営計画期間をベスティング期間として業績を判断して報酬を決定する仕組みである。

　「資料版／商事法務」(2021年11月号60頁)によれば、その期間は最短1年、最長10年、中央値3年とのことである。この場合、経営計画期間中の就任や退任についてどう調整するかがポイントとなる。

　その他に、退職までの期間をベスティング期間として、退任時の実績を判断するものがある。例えば、TSRを導入し、就任から退任まで株主に合計いくらの配当を行い、また株価を上昇させたか、という数値が算定されることから、これに株式数や金銭報酬のパラメータを代入する、という

方法が考えられる。

4 同種の報酬の中での組合せと比率

　次に、LTIの中の報酬の仕組みを複数組み合わせた場合の比率も検討しなければならない。

　例えば、一定期間役員に就任してもらうためにRSを支給し、中期経営計画に沿った利益計上を目的としたLTIや、その間の株価上昇を意識させるTSRの導入、それに加えて利益と株価の双方に注目してもらうためのパフォーマンス・シェア・ユニットの3種類を導入することも考えられる。

　もう少し細かく設定すると、パフォーマンス・シェア・ユニットを導入し、支給対象者が翌年支払う税金の手当も考慮して株式と金銭を支給する仕組みもあるが、その株式と金銭の比率を定めることも忘れてはならない。信託型の株式報酬もまた、株式と金銭の比率を柔軟に定められることから、これも決定したほうがよい。

　この他に、例えば、3年間の経常利益に連動した中期業績連動金銭報酬とファントム・ストックを並行して導入する場合は、いずれもLTIであり、かつ金銭報酬であるが、利益連動報酬か株価連動報酬かという本質が大きく異なることから、その比率を決定しておくことも大切である。

　無論、その比率については、会社の哲学や事業の特性その他の要素を的確に整理してわかりやすく株主や投資家に説明できるように決定することが重要となる。

第7節 マルス・クローバック条項の設計

　マルス・クローバックは、セットで語られることが多い。両者は、いずれも、報酬の返還を求める仕組みといえばわかりやすいであろう。

　正確には、クローバックは、不祥事又は業績の著しい不振に際して、既に支給を受けた報酬の一部を返還させる制度であるが、マルスは、本来受領できる報酬（例えば、業績連動報酬が支給されることとその金額が決まっているが、支給時期が退職時の場合）を放棄させる制度である。また、マルスは基本的に現役役員が想定されているが、クローバックの場合は、退任役員についても適用されることになる。

　いずれも、業績連動報酬の基礎となる業績が会計不祥事やその他の不祥事により誤って算定されている以上、正確な算定結果との差額や株価の下落分を評価して返還させよう、という考え方が中心となる。誤った KPI に基づく報酬を返還させ、あるいは、再度算定し直してその一部又は全部を放棄・返還させることは、当然といえば当然である。すると、例えば、経常利益が本来の10分の１である場合は、その分賞与が減るので返還しなければならないであろうし、本来赤字であるにもかかわらず不正会計により黒字となっている場合は、利益に連動する業績連動報酬は本来支給できないため、全額の返還が必要となる。また、未支給であれば、再計算の上、改めて支給額を減額して決定することになる。

　この他に、著しい業績不振の場合も、株主・投資家、その他ステークホルダーとの関係上、高額な役員報酬を返還させる必要がある。しかし、その著しい業績不振の原因のもととなった役員が既に退任している場合も少なくない（過去に、先代あるいは先々代の経営トップのハイリスク融資や引当金不足・飛ばし等の会計問題が原因で破綻した金融機関において、その原因を作ったとさ

れる元経営トップに対して賞与や役員退職慰労金の返還を求めようとしたが、クローバックルールが定められておらず、それが不十分であったと評価された例がある）。

　そのため、著しい業績不振の場合にもクローバックを適用するとしている会社もある。

第 8 節　報酬設計における視点

1　KPI の選択

　上場会社としては、役員に報酬を支給する際、株主・投資家に対して合理的な説明を行うことが、法令等においても要求されている。また、その説明如何によっては当該上場会社の株式の売買等に影響する可能性もあることから、報酬制度についても合理的な説明を行うことが必要となる。

　特に、業績連動報酬を役員に支給する場合は、その「業績」と報酬を結びつける合理性が必要となる。そのため、「業績」については、定量的な要素が強く要求される。そこで、業績連動報酬の算定に際して、どのような KPI(Key Performance Indicator：重要業績評価指標)を用いるかが重要である。

　そして、KPI の選択は、会社経営と密接につながっていることを意識して行わなければならない。

　まずは、会社として重視している経営指標が何か、その指標を採用した理由が自社の事業や経営姿勢とどのように関係してくるか、ということがポイントである。例えば、利益に連動させる場合の指標を採用する場合、経営目標としている数値が、利益「額」に関する指標か、利益に関する「率」(ROE 等)に関する指標か、という差がある。そして、利益の問題であれば、どういった性質の利益が最も会社の実力が反映されるかといった視点、すなわち、営業利益、経常利益、親会社に帰属する当期未処分利益のどれを採用するか、という視点もある。

　また、株価連動報酬の場合、在任期間の株価の上下に着目するのか、配当まで注目するか、という差があり、前者はストック・オプションや SAR(ただし、上昇分のみ)等単純に株価が指標とされ、後者であれば TSR (Total Shareholder Return)やファントム・ストックが代表的である。

そして、これらのKPIと自社の事業計画をどのように一体化させるか、また、それが報酬とどのように結びつくかを、株主・投資家に対していかに説明できるかが重要となる。

2 業績連動性と期間

業績連動報酬の場合、KPIの対象となる期間が重要となる。そして、KPIの対象期間は、会社の経営方針や取り扱う商品、サービスの内容、事業計画等と連動させることがセオリーとなっており、また、投資家等の理解を得やすい。

毎年の当期未処分利益の獲得を最重要視する会社であれば、毎年の利益に連動した賞与を計算して支給することになる。例えば、商品としての寿命が短い商品を次々と送り出す必要があるビジネスについては、年次の賞与(STI)額を上昇させることが重要である。

一方、長期的な商品開発が必要な会社であれば、長期的なKPIに基づいて支給する長期業績連動賞与(LTI)が考えられる。日本では、この複数事業年度をまたぐ業績連動給与についても損金算入の可能性が認められたことから、次第に採用する上場会社が増加している。

また、株式報酬も長期的な業績連動報酬と位置付けられている。実際、大半の会社で短期間に株価が急上昇することは滅多に起こらないが、長期的に株価が上昇することは、決して珍しいことではないからである。

そして、短期の業績連動賞与(STI)と長期の業績連動賞与(LTI)をどのような比率で組み合わせるか、また、これに株式報酬も加えてどのような報酬バランスとするかは、会社の経営方針や経営計画及びその計画において採用されたKPIに沿って決定されることになる。

例えば、商品開発と投下資本の回収サイクルが数年〜10年以上必要なビジネスの場合、経営者に長期的なインセンティブを持ってもらうような報酬制度として、複数事業年度をまたいだ利益額に連動させたり、複数事

業年度にまたがる TSR(Total Shareholder Return：期間の始めから終わりの株価の上昇幅と支払われた配当金の総額)を基礎としたりして賞与額を決めることが考えられる。

3 長期インセンティブと短期インセンティブ

① 株主の期待とタイムスパン

　株主としては、投資スタイルによって、長期インセンティブと短期インセンティブのどちらを重視するかが異なってくる。例えば、資産の全てをごく短期で運用する投資家の場合は、短期インセンティブを重視することになる。一方、生命保険や年金等の資産の大半を長期で運用する投資家の場合は、長期インセンティブに注目することになる。

　無論、長期と短期の双方に着目する投資家も少なくない。また、証券市場は短期投資家と長期投資家の双方が存在してはじめて成立するものであり、優劣を付けられるものではない。

　そこで、役員報酬について、長期的インセンティブを志向するか短期的インセンティブに比重を置くかについては、意識をする投資家が短期志向か長期志向かを見て検討することも考えられる。このとき、全ての投資家に良い顔をしたいのであれば、長期・短期等を平均的に分散することになろうが、それでは役員報酬の特徴が現れにくいという難点もある。

② 役員の選解任とタイムスパン

　役員報酬は、役員任期とも密接につながっている。

　元々、取締役等の業務執行役員は、雇用型執行役員や使用人兼務取締役でない限り委任契約に基づいていることから、労働法上の保護は受けられない。したがって、任期満了時に契約が終了する可能性があり、その身分

は保障されない。

　そうすると、不祥事等がない限り一定期間の任期を保障するか、そうでなければ短期間で任期が満了してもよい報酬体系とするか、ということを考えざるを得ない。従前の日本では、内規や慣習等で一定期間の任期を保障しており、その間の報酬については固定報酬割合が非常に高かった。しかし、現代では、こうした経営体制は健全なリスクテイクを促進しない体制と評価され、上場会社は投資家等からのプレッシャーにより、次第に固定報酬割合を下げるようになってきた。また、そもそも任期の保障自体しない傾向も見られる。

　その一方で、任期中の業績について業績連動報酬割合が上昇した結果逆に固定報酬比率が下がると、役員は身分も報酬も不安定という魅力のない地位となる可能性もある。そうすると、優秀な人材を確保するためには、固定報酬額と業績連動報酬額はある程度高額にならざるを得ない。例えば、固定報酬比率は下げたとしても金額を下げないという選択をした場合には、業績連動報酬額を大幅に増額することで固定報酬比率を下げることになる。すると、報酬額全体が増加し、利益を圧迫するのではないかという懸念も生じる。

　もっとも、業績連動報酬が増額されるときは会社業績も向上している時期であり、制度設計上会社が得た利益の一部を業務執行取締役に分配するような金額水準としておけば、業績連動報酬額が増加したとしても、それ以上のメリットを会社が受けることになるので、実際にはあまり問題にならないであろう。また、好業績を挙げた業務執行役員は、継続して経営を任されることになるであろうから、任期も長期にわたることになる。そして、引退の頃には十分な役員報酬の支払いを受け、後任者に引き継ぐことになる。

　というように、好業績を挙げた役員は多額の報酬を受け取り任期も長期間となる一方、好業績が挙げられない役員は、さほど多額でない固定報酬しか受領できず、任期も短くなってしまう。このように、コーポレート・

ガバナンスが強く要請される現代の上場会社においては、有能な者は大きく報われ、有能でない者はあまり報われない結果になりがちである。こうした状況は、他人の資産を預かって運用するという株式会社の本質から考えると当然の結果のように見えるが、どうであろうか。

第4章

実例から見る開示の
ノウハウ

　役員報酬制度については、有価証券報告書や事業報告で開示しなければならないが、法令で義務付けられているから開示をするという消極的な姿勢では、株主・投資家からの支持は得られないであろう。

　一方で、開示によって、いかに自社のコーポレート・ガバナンスが優れていて、将来性のある上場会社かを積極的にアピールすれば、株主・投資家による株式の新規購入や継続保有・買い増しが期待でき、上場会社として有益だといえるだろう。

　本章では、どのような開示が株主・投資家にとってわかりやすいか、実例を用いて解説する。

第1節 ガバナンスの向上と開示姿勢

1 開示の重要性

　序章で説明したとおり、従前は役員報酬についての開示はほとんど要求されていなかった。

　役員報酬制度の決定と支払いは、本来は業務執行として取締役会や取締役が行うものであるが、お手盛り防止の観点から、法令上は株主総会の権限とされた。

　とはいえ、判例により、実際には株主総会には役員全員の上限額を上程して株主に可否を問えばよく、具体的な金額の決定や報酬制度の仕組みその他の内容については取締役会に委任することとしていた。そして、実務上は更に権限が委譲され、明確な報酬制度がある会社は少数であり、取締役会は代表取締役社長や会長に報酬決定を白紙委任することとして、社長や会長が他の取締役の報酬額を決めることがほとんどであった。取締役報酬に関する会社法上の規制は換骨奪胎されていたといえる。

　そして、開示についてもほとんど規制はなかった。実際、業務執行役員としても、役員報酬の開示を好まないところがほとんどであった。報酬金額が高ければ妬まれ、報酬金額が低ければ恥ずかしい（日本独自の言い訳かもしれないが）、従業員から見れば報酬が高額なので従業員の士気に関わる、プライバシー侵害にあたる（会社からお金を受け取る、すなわち現在の株主からお金を受け取るのであるから、お金の出し手である株主との関係では「プライバシー」問題とはならないはずであるが）等の様々な理由で開示には消極的で、特に個別開示については強く反対されてきた。

　このような中、日本でも外国でも、金融機関の破綻をきっかけに会社役員の不祥事が目立つようになると、「エージェンシー問題」が株主・投資家

に意識されるようになった。株主・投資家と会社役員は、本人と代理人の関係にあり、日本では、固定報酬ばかりでは職務の熱意にかかわらず報酬が増えないので、業務執行取締役は業務に熱が入らないことになると考えられた。一方、米国のように業績連動性が過度であれば、粉飾決算等の様々な不正の手口を駆使して、業務執行の本来の成果に見合わない多額の報酬を受領して会社を辞めていく。こうした、業務執行役員が会社に損失を与えるような利益相反状況が、エージェンシー問題として意識されるようになった。

　すると株主・投資家としては、上場会社に対し、エージェンシー問題を解決できるような報酬制度とすること、すなわち、株主・投資家と業務執行役員が「同じ船に乗る」(Same Boat)、同じ方向を向く役員報酬制度を求めるようになってきた。この流れが、コーポレート・ガバナンスにおける役員報酬の重視である。

　したがって、投資先を選択する投資家が投資先に選ぶかどうか、あるいは既に投資をしている株主・投資家が投資額を増額するかどうかを決定するに際しては、開示資料を参考に ESG の「ESG」の「G」の視点から、役員報酬制度も検討することになるのである。

　会社の「G」に対する姿勢は、株主・投資家に対しては、開示しなければ全く伝わることはない。つまり、どのような立派な報酬制度を組み立てていたとしても、開示しなければ株主や投資家に伝わらず、せっかくの報酬制度の意味が半減してしまうことになりかねない。無論、役員のインセンティブとして機能するので、その面では十分な意義があるが、株主に開示されなければ市場に評価されず、株価は伸びないであろう。

　このように、報酬制度を検討するに際しては、同時にどのような開示を行うかも念頭に置かなければならない。

2　開示の方針や姿勢

　では、どのような開示の方針や姿勢を取ればよいか。

　この点、「自分の財布の中身を他人に見せたくない」と考える役員が、会社法や金融商品取引法(企業内容等の開示に関する内閣府令)に定められた必要最小限の事項を開示すればよい、と考えることは決して特別ではない。そして、実際に必要最小限の開示しかしなかった事例もある。

　しかし、開示を行うことで、株主・投資家に対して自社のガバナンス体制が適切に構築・運用されていることをアピールし、ひいては株式を購入してもらうことにつながるのであって、会社役員がこれを拒否することは、自社株の価額の上昇の機会を否定することにもなりかねない。

　また、そもそも、会社の業務執行の受任者である取締役としては、会社の資産の使途を委託者である株主に報告することが委任の趣旨からして義務なのであるから、資金使途の一種である役員報酬について開示をすることは、義務の範囲に含まれるとも考えられる。ましてや、役員報酬にはエージェンシー問題が含まれているので、なおさらである。

　結局、役員報酬の開示に関する方針や姿勢については、法令上求められている範囲で開示をすれば適法といえるが、本当にそれでよいのか、自社株式を株主や投資家に購入してもらうように開示事項を充実させることはできないのか、そもそも会社が株主や投資家に開示できないような報酬制度しか持っていないのか、検討の上、方針を決定する必要がある。

3　開示姿勢に関する実例

(1)　同一の会社の時間の流れによる変化

　同一の上場会社が、役員報酬に関する開示を行ってきた実例を、数年おきに紹介して比較する。

トヨタ自動車は、日本の上場会社として指折りの大きな時価総額を持つ会社である。

【実例：トヨタ自動車株式会社】
●2012年３月期　有価証券報告書

（3）役員の報酬等の額又はその算定方法の決定に関する方針の内容及び決定方法
　　　当社の取締役報酬額は、平成23年６月17日開催の第107回定時株主総会決議により、月額130百万円以内と定められています。また、当社の監査役報酬額は、平成20年６月24日開催の第104回定時株主総会決議により、月額30百万円以内と定められています。

この時期の開示府令上、有価証券報告書においては、詳細な開示を求める規定がなかったことから、ほんの数行の開示しかなされなかった。そして、その内容は株主総会決議を紹介するのみで、役員報酬制度がどのようなものか、株主や投資家が知ることはほとんど不可能であった。

ただ、この時期の役員報酬に対する機関投資家等の意識は、先進的な投資家等を除き、全体的に薄かったものと思われる。

●2015年３月期　有価証券報告書

〔取締役・監査役の報酬〕
　取締役の報酬は、月額と賞与により構成しています。会社業績との連動性を確保し、職責や成果を反映した報酬体系としており、報酬水準は、出身国ベースで検討しています。賞与は、毎年の連結営業利益をベースとし、配当、従業員の賞与水準、他社の動向、および中長期業績や過去の支給実績などを総合的に勘案の上、検討しています。また、社外取締役の報酬については、独立した立場から経営の監視・監督機能を担う役割に鑑み、賞与の支給はありません。取締役の報酬

については、会長・社長・人事担当副社長、社外取締役による「報酬案策定会議」にて取締役会に上程する案を検討しています。

　また、監査役の報酬は、月額のみとし、賞与の支給はありません。会社業績に左右されにくい報酬体系とすることで、経営に対する独立性を担保しています。監査役の報酬については、株主総会の決議によって定められた報酬枠の範囲内において監査役の協議によって決定しています。

　この時期においては、有価証券報告書提出直前にCGコードが公表され、役員報酬について機関投資家等の関心が強くなり始めていた。しかし、先端的な会社と比較して、非常に短い開示事項であった。

●2019年3月期 有価証券報告書

（4）【役員の報酬等】
　①役員の報酬等の額又はその算定方法の決定に関する内容及び決定方法
　　ａ．決定の方針および決定プロセス
　　　当社の取締役報酬制度は、以下の考え方に基づいて設計しています。

　　　　中長期的な企業価値向上に向けた取り組みを促すものであること
　　　　優秀な人材の確保・維持できる報酬水準であること
　　　　経営者としてより一層強い責任感を持ち、株主と同じ目線に立った経営の推進を動機付けるものであること

　　　当社の取締役の報酬は、会社業績との連動性を確保し、職責や成果を反映した報酬体系としており、出身国の報酬水準も踏まえた支給額および支給方法を定めています。また、社外取締役および監査役の報酬については、固定報酬のみとします。会社業績に左右されない報酬体系とすることで、経営に対する独立性を担保しています。

当社の取締役の報酬等は、2019年6月13日開催の第115回定時株主総会により現金報酬枠を年額30億円以内（うち社外取締役3億円以内）、株式報酬枠を年額40億円以内と定められています。第115回定時株主総会が終了した時点の取締役の員数は、9名（うち社外取締役3名）です。

　当社の監査役報酬額は、2008年6月24日開催の第104回定時株主総会により、月額30百万円以内と定められています。第104回定時株主総会が終了した時点の監査役の員数は、7名です。

　当社の取締役の報酬等の額またはその制度については、取締役会および社外取締役が過半数を占める「報酬案策定会議」で決定します。取締役会は、当事業年度の報酬総額の決議と、個人別報酬額の決定を「報酬案策定会議」に一任することの決議をします。「報酬案策定会議」は、役員報酬制度の検討および会社業績や取締役の職責、成果等を踏まえた個人別報酬額を決定します。

　監査役の報酬については、株主総会の決議によって定められた報酬枠の範囲内において、監査役の協議によって決定しています。

　当社の取締役報酬の算定方法変更および当事業年度における報酬等の額の決定等については、以下の日程で「報酬案策定会議」を開催しました。（以下略）

　上記の取締役報酬の算定方法変更は、社外取締役の意見を踏まえて提案内容の修正を重ね、報酬案策定会議メンバー全員の同意を得た上で、決定しました。

　取締役会は、当事業年度の報酬総額の決議と、個人別報酬額の決定を「報酬案策定会議」に一任することの決議をしました。

　また、外部の報酬コンサルタントによる役員報酬のベンチマーク結果を参照することで、当社の役員報酬の妥当性を確認しています。

b．業績連動報酬の決定方法

1）日本籍の取締役（社外取締役を除く）

　　当社では、「連結営業利益」、「当社株価の変動率」および「個人別査定」に基づいて役員一人ひとりが1年間に受け取る報酬の総額（以下、「年間総報酬」という。）を設定しています。年間総報酬から固定報酬を差し引いた残額を、業績連動報酬としています。

〈各項目の考え方〉

連結営業利益	当社の取り組みを業績で評価する指標
当社株価の変動率	当社の取り組みを株主・投資家が評価する企業価値指標
個人別査定	役員一人ひとりの成果を定性的に評価

〈指標の評価方法と基準、当事業年度の評価結果〉

	評価方法	基準	当事業年度の評価結果
連結営業利益	当社の持続的成長に向けた必要利益（2011年設定）を基準とし、当事業年度の連結営業利益の達成度を評価	1兆円	170%
当社株価の変動率	当社と日経平均の前事業年度末株価を基準とし、当事業年度末までの株価変動率を相対評価	当社：6,825円 日経平均：21,454円	

〈年間総報酬の設定方法〉

　　年間総報酬の設定は、役員報酬のベンチマーク結果を踏まえた理論式に基づきます。「連結営業利益」と「当社株価の変動率」に基づいて設定した役職毎の年間総報酬に、「個人別査定」による調整を行います。「個人別査定」は役職毎の年間総報酬の±10％の範囲内で設定します。

2）外国籍の取締役（社外取締役を除く）

　　人材を確保・維持できる報酬水準・構成で、固定報酬と業績連動報酬を設定しています。固定報酬は職責や出身国の報酬水準を踏まえて設定

しています。業績連動報酬は職責や出身国の報酬水準を踏まえ、「連結営業利益」、「当社株価の変動率」および「個人別査定」に基づいて設定し、各項目の考え方は日本籍の取締役（社外取締役を除く）と同じです。

c．株式報酬制度

2019年6月13日開催の第115期定時株主総会で定められた株式報酬枠（年額40億円以内）を用いて、取締役会で株式報酬を決議する予定です。主な内容は以下のとおりです。

（一覧表 略）

2019年頃になると、機関投資家のコーポレート・ガバナンスに関する意識が向上してきた。その背景には、アセット・オーナー、特にGPIF等の大口アセット・オーナーが、コーポレート・ガバナンスを含むESGについて機関投資家に対して方向性を示すようになったことや、スチュワードシップが機関投資家に普及してきたことがある。そのため、2012年当時は開示に消極的であった会社も、開示事項を充実させるようになった。

無論、開示府令が改正されて役員報酬に関する開示の充実が求められるところ、2012年3月期(表題を除いて4行)と比べると、開示の量が増加し、見出しを設けて項目を整理する等形式も整えられ、また、内容も当時と比べると詳細になっている。

●2022年3月期 有価証券報告書

（4）【役員の報酬等】

①役員の報酬等の額又はその算定方法の決定に関する内容及び決定方法

　a．決定の方針および決定プロセス

　　当社は、創業の理念を示した「豊田綱領」の考え方に沿って、将来に亘る持続的成長に向けた意思決定への貢献や、CASEなどの社会変革への対応や仲

間づくりなど「モビリティカンパニー」へのモデルチェンジとSDGsを始めとした社会課題の解決に貢献できることが、役員には必要と考えています。役員の報酬等は、様々な取り組みを促す重要な手段であり、以下の方針に沿って決定します。

・中長期的な企業価値向上に向けた取り組みを促すものであること
・優秀な人材の確保・維持できる報酬水準であること
・経営者としてより一層強い責任感を持ち、株主と同じ目線に立った経営の推進を動機付けるものであること

　当社取締役の個人別の報酬等の決定方針は取締役会にて決議します。会社業績との連動性を確保し、職責や成果を反映した報酬体系としており、出身国の報酬水準も踏まえた支給額の水準および支給方法を定めています。また、社外取締役および監査役の報酬については、固定報酬のみとします。会社業績に左右されない報酬体系とすることで、経営に対する独立性を担保しています。

　当社取締役の報酬等は、2019年6月13日開催の第115回定時株主総会により、現金報酬枠を年額30億円以内（うち社外取締役3億円以内）、株式報酬枠を年額40億円以内と定められています。第115回定時株主総会の定めに係る取締役の員数は、9名（うち社外取締役3名）です。
　当社の監査役報酬額は、2008年6月24日開催の第104回定時株主総会により、月額30百万円以内と定められています。第104回定時株主総会の定めに係る監査役の員数は、7名です。

　当社取締役の個人別の報酬等の額またはその制度については、その決定の独立性を担保するため、取締役会および社外取締役が過半数を占める「報酬案策定会議」で決定します。「報酬案策定会議」は、取締役会長A（議長）、取締役B＊、社外取締役C、社外取締役D、社外取締役Eで構成されます。

取締役会は、取締役の個人別の報酬等の決定方針および役員報酬制度の決議、当事業年度の報酬総額の決議ならびに個人別報酬額の決定を「報酬案策定会議」に一任することを決議します。「報酬案策定会議」は、取締役会に諮問する役員報酬制度の検討および取締役会で定められた取締役の個人別の報酬等の決定方針に基づいて、会社業績や取締役の職責、成果等を踏まえて個人別報酬額を決定しています。取締役会は、当該決定内容は取締役の個人別の報酬等の決定方針に沿うものであると判断しています。

　＊2022年6月15日付で取締役Fから取締役Bに報酬案策定会議委員を交代しています。

（筆者注：氏名をアルファベットで表記した）

　監査役の報酬については、株主総会の決議によって定められた報酬枠の範囲内において、監査役の協議によって決定しています。

　当社の当事業年度における報酬等の額の決定等については、2021年5月、2022年3月、4月に開催した「報酬案策定会議」にて議論しました。また、社外取締役のみで構成される事前検討ミーティングを2021年7月、9月、10月、2022年2月、3月に計5回開催し、「報酬案策定会議」に向けた議論をしました。取締役の報酬は、報酬案策定会議メンバー全員の同意を得た上で、決定しました。

〈報酬案策定会議で議論された主な内容〉

・役職・職責ごとの報酬水準

・2021年度の指標実績評価

・個人別査定の評価

・個人別報酬額の決定

b．業績連動報酬（賞与・株式報酬）の決定方法

　1）日本籍の取締役（社外取締役を除く）

当社では、「連結営業利益」、「当社時価総額＊の変動率」および「個人別査定」に基づいて役員一人ひとりが1年間に受け取る報酬の総額(以下、「年間総報酬」という。)を設定しています。年間総報酬から固定報酬である月額報酬を差し引いた残額を、業績連動報酬としています。

日本に所在する企業群をベンチマークとした役員報酬水準を参考に、役職・職責に応じた適切な年間総報酬水準を決定しています。

＊東京証券取引所における当社の普通株式の終値と、自己株式控除後の発行済株式数を乗じて算出

〈各項目の考え方〉

連結営業利益	当社の取り組みを業績で評価する指標
当社時価総額の変動率	当社の取り組みを株主・投資家が評価する企業価値指標
個人別査定	役員一人ひとりの成果を定性的に評価

〈指標の評価方法と基準、当事業年度の評価結果〉

	評価ウェイト	評価方法	基準	当事業年度の評価結果
連結営業利益	70%	当社の持続的成長に向けた必要利益(2011年設定)を基準とし、当事業年度の連結営業利益の達成度を評価	1兆円	210%
当社時価総額の変動率	30%	当社時価総額とTOPIXの前事業年度(1-3月平均)を基準とし、当事業年度(1-3月平均)までの時価総額変動率を相対評価	当社：22.3兆円 TOPIX：1,903.60	

〈年間総報酬の設定方法〉

年間総報酬の設定は、役員報酬のベンチマーク結果を踏まえた理論式に基づきます。「連結営業利益」と「当社時価総額の変動率」に基づいて設定した役職毎の年間総報酬に、「個人別査定」による調整を行います。なお、当事業年度より会長・副会長・社長に「個人別査定」を導入しました。「個人別査定」は、創業の理念を示した「豊田綱領」の考え方に沿った取り組みに加え、周囲からの信頼、人材育成の推進などの観点で実施します。年

間総報酬の±50％の範囲内で役職・職責に応じて変動幅を設定しており、査定結果に基づいて役員一人ひとりの年間総報酬を算定します。

　2）外国籍の取締役（社外取締役を除く）

　　人材を確保・維持できる報酬水準・構成で、固定報酬と業績連動報酬を設定しています。固定報酬は職責や出身国の報酬水準を踏まえて設定しています。業績連動報酬は職責や出身国の報酬水準を踏まえ、「連結営業利益」、「当社時価総額の変動率」および「個人別査定」に基づいて設定し、各項目の考え方は日本籍の取締役（社外取締役を除く）と同じです。また、出身国との税率差を考慮し、税金補填をする場合があります。

　ｃ．株式報酬制度

　2019年6月13日開催の第115回定時株主総会および2022年6月15日開催の第118回定時株主総会で定められた株式報酬枠（年額40億円以内（割り当てる当社普通株式の総数は当社の取締役（社外取締役を除く）に対して合計で年400万株以内））を用いて、取締役会で株式報酬を決議します。主な内容は以下のとおりです。

（一覧表　略）

　最新の開示では、2019年から大きく変わっていないものの、「豊田綱領」といった報酬の査定要素を明確にする等、開示事項が増加している。

　2022年3月期になると、冒頭で、報酬決定の方針を紹介するためにその理念に遡り、「豊田綱領」や「モビリティカンパニー」といった理念を紹介している。次に、報酬決定手続については、2019年の開示から、開示形式は変更されているが、その内容は概ね変わらない。

　そして、業績連動報酬の決定方法については、年間総報酬の設定方法に関して、会長・副会長・社長に「個人別査定」を導入し、創業の理念を示した「豊田綱領」や、周囲からの信頼、人材育成の推進等の観点に基づいて査定することを開示している。なお、外国籍取締役については、特段変更はない。

このように、トヨタ自動車という日本のトップカンパニーにおける役員報酬の開示については、時間の流れとともに充実してきているということがよくわかる。特に、開示の量については、役員報酬制度の充実度合いと相関関係が非常に高いといってもよいであろう。

　元々、制度設計の思考過程と法令の記載事項を文章で記述すれば、最低限の開示文書になる。ただし、業績連動報酬については、報酬に詳しくない株主に十分理解してもらい、株主総会議案において役員選任議案や報酬改定議案に賛成票を投じてもらう必要がある。そのためには、報酬制度の全体像、会社の経営状況によって報酬額がどのように変わるのか、そのトップとボトムはいくらか等を株主に理解してもらわなければならないが、現実には、特別な知識がない株主が、役員報酬制度を正確に理解することは難しい。

　そこで、各社が報酬制度をわかりやすく丁寧に説明をしようとすると、どうしても事業報告や有価証券報告書の紙幅をとってしまうことになる。換言すれば、会社の経営方針や経営計画、またコーポレート・ガバナンスについて十分議論と説明をし、そこから役員報酬につなげて説明をしなければならないが、株主や投資家にわかりやすく伝えようとすると、どうしても長くなってしまうということである。

　例えば、役員報酬制度を十分に考えて構築したのであれば、その思考過程をしっかり説明しなければならない。更に、制度の仕組みもある程度色々な方法を組み合わせなければならないので、その種類が多くなることから、必然的に開示事項も多くなる。そして、株主や投資家にわかりやすい説明を志向すれば、表や図やグラフを活用することになるが、その分スペースを使うことになる。また、具体的な報酬額を代入して実例を示すと理解されやすいが、それについても図や表を用いて説明することになるから、そのスペースも必要となる。

　一方、役員報酬制度が十分構築されていないにもかかわらず開示事項の分量を水増しして開示しようとしても、開示事項の検討が浅いことから記

載することが限られてくるため、自ずから限界がある。

　こうしたことから、役員報酬制度が充実すれば、開示事項が増加するという相関性が高い、といえるのである。そのため、株主や投資家から見れば、役員報酬に関する説明が長ければ長いほど、役員報酬制度については十分に検討されたものと考えることが可能となると考えられる。

② 同一事業会社間の比較

　では、同一事業会社間ではどうか。監査役会設置会社と指名委員会等設置会社という違いがあるとはいえ、そのまま比較してみることにする。

　短いほうの会社は、EDINET上のPDF開示で約2頁となる。これに対し、同業他社は同じくEDINET上で、約7頁となる。

　このような差がどのように生じたかについて、少々長いが、比較して検討する。

（1）　開示量が少ない会社
【実例：東京建物株式会社】
●2021年12月期 有価証券報告書

> （4）【役員の報酬等】
> ①役員の報酬等の額又はその算定方法の決定に関する方針に係る事項
> 　イ．役員報酬等の内容の決定に関する方針等
> 　　　　当社は、2021年3月10日開催の取締役会において、取締役の個人別の報酬等の内容に係る決定方針（以下、「決定方針」という。）を決議しております。また、監査役の報酬については、監査役間の協議により決定しております。
> 　　　　当社は、企業理念「信頼を未来へ」のもと、持続的な成長と中長期的な企業価値の向上を目指しており、取締役（社外取締役を除く。）の報酬につい

ては、短期のみならず中長期的な企業価値増大への貢献意識も高めること
を目的として、報酬の一定割合を業績・株価と連動させる報酬体系として
おります。

　取締役（社外取締役を除く。）の報酬は、「固定報酬」「業績連動報酬」「株式
報酬」により構成され、その支給割合は後記の方針に基づき適切に設定す
ることとしております。また、社外取締役及び監査役の報酬については、
その職務内容を勘案し「固定報酬」のみとしております。

　取締役の個人別の報酬等の額は、指名・報酬諮問委員会への諮問を経て
取締役会にて決定することとしております。なお、取締役の個人別の報酬
等の内容決定に関しては、後記「ハ．取締役の個人別の報酬等の内容決定
にかかる委任に関する事項」に記載の通り取締役会の決議による委任を行
うこととしております。

取締役（社外取締役を除く。）の報酬等の種類別の支給割合の決定に関する方針

項目	固定報酬	業績連動報酬	株式報酬
位置付け	基本報酬	短期インセンティブ	中長期インセンティブ
変動性	―	単年度業績に連動	株価に連動
総報酬に対する割合（目安）	50〜60%	30〜40%	5〜10%
報酬等の支給時期	毎月	毎月	原則として退任時

　当事業年度に係る取締役の個人別の報酬等の内容については、決定方針
及び後記「ロ．取締役及び監査役の報酬等についての株主総会の決議に関
する事項」に記載の株主総会決議に基づき報酬案が作成され、指名・報酬
諮問委員会への諮問を経て決定されたものであることから、取締役会は当
事業年度に係る取締役の個人別の報酬等の内容が決定方針に沿うものであ
ると判断しております。

　まず、役員報酬に関する基本的な考え方を、半頁程度で記載している。
その中に、一覧表を設けて各報酬の比率等をわかりやすく記載している。

ロ．取締役及び監査役の報酬等についての株主総会の決議に関する事項

「固定報酬」

　2008年3月28日開催の第190期定時株主総会において、取締役の報酬額を月額3千5百万円以内とすること、監査役の報酬額を月額8百万円以内とすることを決議いたしました。当該株主総会終結時点の取締役の員数は18名、監査役の員数は4名です。

「業績連動報酬」

　2013年3月28日開催の第195期定時株主総会において、各事業年度毎の業績向上への意欲士気を高めるため、取締役（社外取締役を除く。）に対し業績連動報酬を導入し、前事業年度における連結経常利益の1％かつ連結当期純利益（親会社株主に帰属する当期純利益）の2％の範囲内で支給することを決議いたしました。なお、当該指標は、当社の事業の特性・内容に照らし当社の業績を適切に表すものと考え選定しております。当該株主総会終結時点の取締役（社外取締役を除く。）の員数は7名です。

「株式報酬」

　2018年3月28日開催の第200期定時株主総会において、中長期的な企業価値増大に貢献する意識を高めることを目的とし、取締役（社外取締役を除く。）に対する株式報酬制度「株式給付信託（BBT）」を導入することを決議いたしました。当該株主総会終結時点の取締役（社外取締役を除く。）の員数は8名です。

　株式報酬制度の概要は以下の通りとなります。

・株式報酬制度は、当社が拠出する金銭を原資として当社株式が信託を通じて取得され、当社が定める「役員株式給付規程」に従って、当社株式及び当社株式を時価換算した金額相当の金銭が、本信託を通じて給付される制度となっております。なお、同規程の制定については、指名・報酬諮問委員会への諮問を経て取締役会にて決議されております。

・具体的には1事業年度4万株（4万ポイント）を上限として、各事業年度毎に、各取締役（社外取締役を除く。）に対し役位を勘案して定まる数のポイントが付

> 与され、退任時に、累積したポイント数に応じた当社株式及び時価換算した
> 金額相当の金銭が給付されます。

　次に、株主総会において決議された固定報酬、業績連動報酬、株式報酬について内容を説明し、株式報酬については信託を利用する仕組みである等具体的な記載を行っている。

> ハ．取締役の個人別の報酬等の内容決定にかかる委任に関する事項
> 　　当社は、取締役会の決議による委任に基づいて、代表取締役社長執行役員
> が、決定方針及び前記「ロ．取締役及び監査役の報酬等についての株主総会
> の決議に関する事項」に記載の株主総会決議に基づき、各事業年度毎に役位
> 及び職責に応じて取締役の個人別の固定報酬及び業績連動報酬の案を作成の
> うえ、指名・報酬諮問委員会（計7名のうち社外取締役は過半数の4名、取締役（社
> 外取締役を除く。）は3名。）への諮問を経て、取締役の個人別の報酬額の具体
> 的な内容を決定することとしております。代表取締役社長執行役員に委任す
> る理由は、当社の業績や取締役の職責等を総合的に勘案して評価を行うのに
> 最も適しているためであります。
> 　　なお、当事業年度において当該委任を受けた者は代表取締役社長執行役員
> ■■■■（筆者注：氏名）であり、当事業年度の取締役の個人別の報酬額は上
> 記の過程を経て具体的内容が決定されております。

　最近の会社法及び開示府令において改正された開示事項として、報酬に関する決定権限を有する者への委任等についての開示を行っている。ここで、指名・報酬諮問委員会についても説明している。

> ニ．当事業年度における業績連動報酬に係る指標の目標と実績
> 　　当事業年度における業績連動報酬に係る指標は、前事業年度における連結
> 経常利益及び連結当期純利益（親会社株主に帰属する当期純利益）であります。業

績予想の数値である連結経常利益445億円、連結当期純利益（親会社株主に帰属する当期純利益）310億円（2020年8月4日の決算短信にて2020年12月期の業績予想として公表した数値。）に対して、実績は連結経常利益470億7千2百万円、連結当期純利益（親会社株主に帰属する当期純利益）317億9千5百万円となりました。

業績連動報酬に係る指標の目標と実績を開示している。

②役員区分ごとの報酬等の総額、報酬等の種類別の総額及び対象となる役員の員数

役員区分	報酬等の総額（百万円）	報酬等の種類別の総額（百万円）			対象となる役員の員数（名）
		固定報酬	業績連動報酬	株式報酬（非金銭報酬）	
取締役（社外取締役を除く。）	479	263	174	41	9
監査役（社外監査役を除く。）	52	52	－	－	2
社外役員	54	54	－	－	8

（注）1．上記報酬等の額及び対象となる役員の員数には、2021年3月25日開催の第203期定時株主総会終結の時をもって退任した取締役3名（うち社外取締役2名）が含まれております。

2．株式報酬は「非金銭報酬」に該当いたします。

3．株式報酬の総額は、当事業年度における株式給付信託（BBT）に基づく役員株式給付引当金繰入額であります。役員株式給付引当金繰入額につきましては、当社が拠出する金銭を原資として信託を通じて取得された当社株式の帳簿価額が算定の基礎となっております。

③報酬等の総額が1億円以上である者の報酬等の総額等

連結報酬等の総額が1億円以上である者がいないため、記載しておりません。

報酬等の種類別の支給額の実績について開示している。

（2）　開示量が多い会社

【実例：三菱地所株式会社】
●2022年3月期　有価証券報告書

（4）【役員の報酬等】

イ．役員区分ごとの報酬等の総額、報酬等の種類別の総額及び対象となる役員の
　　員数

役員区分	報酬等の総額 （百万円）	報酬等の種類別の総額 （百万円）		対象となる役員の員数（人）
		固定報酬	業績連動報酬	
取締役 （社外取締役を除く）	261	261	－	4
執行役	1,139	622	516*1	16
社外役員	108	108	－	7

（注）＊１　業績連動報酬には、会社法施行規則の定める「非金銭報酬等」に該当
　　　　　する譲渡制限付株式報酬を含めております。当事業年度の勤務に対
　　　　　する業績連動報酬を上表に記載しており、過年度の勤務に対する中
　　　　　長期業績連動報酬（ファントムストック）については含めておりません。
　　　　　過年度（2019年度）の勤務に対する業績連動報酬のうち、中長期業績
　　　　　連動報酬（ファントムストック）については、当事業年度末におけるTS
　　　　　R順位及び株価に基づき計算した報酬の追加計上額（25百万円）を、
　　　　　当事業年度の役員報酬額として計上しております。
　　　　　過年度（2020年度）の勤務に対する業績連動報酬のうち、中長期業績
　　　　　連動報酬（ファントムストック）については、当事業年度末におけるTS
　　　　　R順位及び株価に基づき計算した結果、当事業年度の役員報酬額の
　　　　　追加計上はありません。
　　　　　2021年度の勤務に対する業績連動報酬のうち、中長期業績連動報酬
　　　　　（ファントムストック）については業績評価期間が終了していないため最

終支給額が未確定ですが、当該報酬の当事業年度末における TSR 順位及び株価に基づき計算した報酬の見込み額（58百万円）を上表に含めて計上しております。

ロ．報酬等の総額が 1 億円以上である者の報酬等の総額等

氏名	役員区分	会社区分	報酬等の種類別の総額（百万円）		報酬等の総額（百万円）
			固定報酬	業績連動報酬	
■■■■	取締役	提出会社	138	－	138
■■■■	執行役	提出会社	79	75*1	155

（注）＊1　業績連動報酬には、会社法施行規則の定める「非金銭報酬等」に該当する譲渡制限付株式報酬を含めております。当事業年度の勤務に対する業績連動報酬を上表に記載しており、過年度の勤務に対する中長期業績連動報酬（ファントムストック）については含めておりません。

過年度（2019年度）の勤務に対する業績連動報酬のうち、中長期業績連動報酬（ファントムストック）については、当該報酬の当事業年度末における TSR 順位及び株価に基づき計算した報酬の追加計上額を下記のとおり当事業年度の役員報酬額として計上しております。

■■■■（筆者注：執行役氏名）：3 百万円

過年度（2020年度）の勤務に対する業績連動報酬のうち、中長期業績連動報酬（ファントムストック）については、当事業年度末における TSR 順位及び株価に基づき計算した結果、当事業年度の役員報酬額の追加計上はありません。

2021年度の勤務に対する業績連動報酬のうち、中長期業績連動報酬（ファントムストック）については業績評価期間が終了していないため最終支給額が未確定ですが、当該報酬の当事業年度末における TSR 順位及び株価に基づき計算した報酬の見込み額を下記の通り上表に含めて計算しております。

■■■■（筆者注：執行役氏名）：7 百万円

三菱地所は、役職ごとの報酬額の総額の開示だけでなく、連結ベースでの報酬額が1億円を超える役員がいることから、個人別の報酬開示がなされている。

役員区分ごとの報酬等の総額、報酬等の種類別の総額及び対象となる役員の員数に加え、報酬等の総額が1億円以上である者の報酬等の総額等の開示が必要となるため、この分量の差異はやむを得ない。

ハ．役員の報酬等の額の決定に関する方針

　役員の報酬等の額の決定に関する方針は、以下のとおりであります。

（i）役員報酬の決定手続

　当社の取締役及び執行役の報酬の内容に係る決定に関する方針及び個人別の報酬の内容については、社外取締役のみの委員にて構成される報酬委員会の決議により決定する。

（ii）役員報酬決定の基本方針

　当社の取締役及び執行役の報酬決定の基本方針は次のとおりとする。

・経営戦略や中期経営計画における中長期的な業績目標等と連動し、持続的な企業価値の向上と株主との価値共有を実現する報酬制度とする。

・戦略目標や株主をはじめとするステークホルダーの期待に沿った、経営陣のチャレンジや適切なリスクテイクを促すインセンティブ性を備える報酬制度とする。

・報酬委員会での客観的な審議・判断を通じて、株主をはじめとするステークホルダーに対して高い説明責任を果たすことのできる報酬制度とする。

（iii）役員報酬体系

　取締役と執行役の報酬体系は、持続的な企業価値向上のために果たすべきそれぞれの機能・役割に鑑み、別体系とする。なお、執行役を兼務する取締役については、執行役としての報酬を支給することとする。

・取締役（執行役を兼務する取締役を除く）

　執行役及び取締役の職務執行の監督を担うという機能・役割に鑑み、原則

として金銭による基本報酬のみとし、その水準については、取締役としての役位及び担当、常勤・非常勤の別等を個別に勘案し決定する。

・執行役

当社の業務執行を担うという機能・役割に鑑み、原則として基本報酬及び変動報酬で構成する。

変動報酬は、短期的な業績等に基づき支給する金銭報酬と、中長期的な株主との価値共有の実現を志向し支給する株式報酬等（株価等の指標に基づき支給する金銭報酬を含む）とで構成する。基本報酬・変動報酬の水準及び比率、変動報酬の評価指標等については、経営戦略や中期経営計画における中長期的な業績目標等、並びに執行役としての役位及び担当等を勘案し決定する。

（iv）当該事業年度に係る取締役または執行役等の個人別の報酬等の内容が当該方針に沿うものであると報酬委員会が判断した理由

当社は、報酬委員会において、取締役及び執行役の個人別の報酬等の内容に係る決定方針を決議しております。また、報酬委員会は、当事業年度に係る取締役及び執行役の個人別の報酬等について、報酬等の内容の決定方法及び決定された報酬の内容が当該決定方針と整合していることを確認しており、当該決定方針に沿うものであると判断しております。

　役員の報酬等の額の決定に関する方針として、決定手続、基本方針、役員報酬体系、当該事業年度に係る取締役または執行役等の個人別の報酬等の内容が当該方針に沿うものであると報酬委員会が判断した理由について、小見出しをつけて具体的に分量を割いて記載している。

　短い記載の場合は、記載事項が形式的であったり、仕組みを簡単に、また見出しをつけずにまとめて紹介したりするものであるのに対し、長い記載の場合、開示の姿勢や読者である株主・投資家を意識した記述であることがうかがわれる。

ニ．業績連動報酬の概要

（ⅰ）単年度業績評価に基づく報酬

　①総報酬額に占める支払割合（基準額）

　　25%

　②当報酬に係る指標、その指標を選択した理由、決定方法等

　　財務の健全性を担保しながら企業としての成長及び効率性を目指すことを目
　　的に、全社の営業利益、EBITDA、ROA、ROE 及び各役員が担当する部
　　門の営業利益の目標水準を基準とし、報酬金額が変動します。

　　報酬の決定にあたっては、各指標の前年度実績等に加え、社長面談による中
　　長期的な業績への貢献度合い、ESG に関する取組み状況等の定性面におけ
　　る評価を用いて報酬金額を算出し、最終的な報酬金額を報酬委員会にて決定
　　しています。なお、最近事業年度における全社の各指標の期初見込み及び実
　　績は以下のとおりとなります。

　　　・2021年度期初見込み及び実績

	2021年度期初見込み	実績
営業利益（百万円）	245,000	278,977
EBITDA（百万円）	344,000	381,434
ROA（%）	4.0	4.4
ROE（%）	7.6	8.1

　この記述は、単年度業績評価に基づく報酬、すなわち単年度賞与(STI)
である。総報酬額に占める割合と、KPI が全社の営業利益、EBITDA、
ROA、ROE 及び各役員が担当する部門の営業利益であること、また目標
値と実績値も明確に記述している。更に、ESG 等の定性的評価も盛り込
んでいる旨を明確化し、こうした KPI や定性情報と報酬金額を結びつけ
る手段として報酬委員会が関与することを明確にしている。

（ii）中長期業績連動報酬（譲渡制限付株式報酬 *1）

　①総報酬額に占める支払割合（基準額）

　　12.5%

　②当報酬に係る指標、その指標を選択した理由、決定方法等

　　企業価値の持続的な向上を図るインセンティブを与えるとともに、株主との

　　一層の価値共有を推進することを目的に、約3年間の譲渡制限期間を付し

　　た、株式報酬を採用しています。株式を割り当てる際の金銭報酬債権額は、

　　報酬委員会にて決定します。なお、中長期的な観点からの株価の向上を目指

　　すものとし、本年3月末時点の株価は以下のとおりとなります。

　　・2022年3月末時点（2022年3月31日）の当社株価

　　　1,819円

（注）＊1　譲渡制限付株式報酬は、会社法施行規則の定める「非金銭報酬等」に

　　　　　　該当いたします。

　　この部分は、譲渡制限付株式報酬を中長期業績連動報酬と位置付けるこ
とと、総報酬額に占める割合を明示している。譲渡制限期間が3年であ
ることを明示しつつ、基準日現在の株価を記載している。概ね平均的な内
容であるが、なぜ譲渡制限期間を3年間としたのかが明らかにされてい
ないのが残念である。

（iii）中長期業績連動報酬（ファントムストック）

　①総報酬額に占める支払割合（基準額）

　　12.5%

　②当報酬に係る指標、その指標を選択した理由、決定方法等

　　企業価値の持続的な向上を図るインセンティブを与えるとともに、株主との

　　一層の価値共有を推進することを目的に、株価及び同業他社（5社）と比較し

　　た株主総利回り（TSR）の順位を指標として、報酬金額が変動します。役位ご

との報酬基準額及び最終的な報酬金額については、報酬委員会にて決定します。なお、同業他社との比較における最上位を目指すものとし、最近事業年度における実績は下表のとおりとなります。

・TSR順位等実績

付与年度	当社TSR *1	TSR順位 *1	本制度による報酬額（百万円） *1	発行価額 （円）	2021年度末月平均株価 （円）	業績評価期間
2021年度	−0.058	4位	−	1,798	1,743	2021年6月1日〜 2024年6月30日

（注）＊1　業績評価期間が終了していないため、最近事業年度末における状況に基づき記載しております。

③報酬の算定方法

　Ⅰ〜Ⅱ.（略）

　Ⅲ.個別支給金額の算定方法

　　本制度による支給対象者の各人の報酬額（以下、「最終報酬額」という。）は、報酬基準額をもとに、以下の算式に基づき決定する。

$$\text{本制度による最終報酬額} = \text{報酬基準額}^{*1} \times \frac{\text{業績評価期間末月の株価}^{*2}}{\text{発行価額}^{*3}} \times \text{権利確定割合}^{*4}$$

ただし、支給対象者の職位ごとの本制度による最終報酬額の上限金額は、それぞれ以下のとおりとする。

執行役社長	執行役副社長	執行役専務	執行役常務	執行役
99,000千円	64,000千円	53,000千円	42,000千円	32,000千円

（注）＊1　報酬基準額

　　　　報酬基準額は、支給対象者の職位に応じて、それぞれ以下のとおりとする。

執行役社長	執行役副社長	執行役専務	執行役常務	執行役
19,647千円	12,675千円	10,413千円	8,352千円	6,288千円

　　＊2　業績評価期間末月の株価

業績評価期間末月の株価は、業績評価期間の最終の月の東京証券取引所における普通株式の終値の単純平均値（円未満切り捨て）とする。

＊3　発行価額

発行価額は、報酬委員会開催日の直前営業日である2022年4月20日の東京証券取引所における当社普通株式の終値（円未満切り捨て）とする。

＊4　権利確定割合

業績評価期間における株主総利回り（以下、「TSR」という。）を、当社並びに、野村不動産ホールディングス株式会社、東急不動産ホールディングス株式会社、三井不動産株式会社、東京建物株式会社、及び住友不動産株式会社（以下、総称して「同業他社」という。）についてそれぞれ算定し、当社及び同業他社の各TSRを比較の上、TSRが高い順に順位（以下、「TSR順位」という。）を付け、100％を上限として、当社のTSR順位に対応する下表の割合とする。

TSR順位	1位	2位	3位	4位	5位	6位
権利確定割合	100%	80%	60%	40%	20%	0%

なお、TSRは以下の算式により算出する。

$$ TSR = \frac{（業績評価期間末月の株価（＊ア）－業績評価期間開始月の株価（＊イ））＋業績評価期間（業績評価期間末月を除く）中の日を基準日とする剰余金の配当に係る1株当たり配当総額}{業績評価期間開始月の株価（＊イ）} $$

（注）（略）

最後は、業績連動報酬のうち、ファントム・ストックの開示である。

三菱地所の場合、業績連動報酬として、単年度業績評価に基づく報酬、中長期業績連動報酬（譲渡制限付株式報酬）、中長期業績連動報酬（ファントム・

ストック）の3種類に分けてそれぞれ説明している。この場合、報酬制度として、単年度業績評価に基づく報酬がいわゆる賞与に該当することから、比較的制度の説明は短い。また、譲渡制限付株式報酬については、損金算入が可能なように業績条件を付していないため、短い説明となる。

　ところが、ファントム・ストックは、株価と連動する金銭報酬（賞与）であることから、その算定については色々な条件をつけたり、M&Aの際にどのように処理するか等を予め決めておいたりしたほうが明確であり、また役員と会社の間のもめ事にならないようにするため、このように詳細な内容としている。もっとも、詳細な決定事項のうちどこまで開示するかは会社の裁量となることから、詳細な開示までは義務ではないが、三菱地所はこうした決定事項を開示している。

　更に、特殊なスキームとして、TSRによる他社との比較における順位を報酬算定に反映し、最下位の場合にはファントム・ストックが0円となること等を定めている。

　上記のように、有価証券報告書等の記載事項の量だけでも、開示姿勢が見えるが、それに加えて小見出しや項目の記載も重要となる。

　また、表等を使って見やすさを心がけているところもポイントである。

　このように、報酬内容を細分化しその説明を丁寧に行うと、どうしても長い開示になる。株主・投資家として、どちらの会社が投資にあたってより魅力的に見えるであろうか。

開示におけるポイント

1 報酬比率の明示

1 比率の表示とその方法

　役員報酬の開示に際して、投資家の重要な注目点は、役員報酬の構成とその比率である。

　会社法や会社法施行規則には、その比率についての開示は記載されていないが、企業内容等の開示に関する内閣府令の、「有価証券届出書(第二号様式)記載上の注意(57) a 」(有価証券報告書第三号様式も同様)において、「業績連動報酬と業績連動報酬以外の報酬等の支給割合の決定に関する方針を定めているときは、当該方針の内容を記載すること」とされ、上場会社は、支給割合の決定に関する方針を定めているときは、有価証券報告書に記載する義務がある。

　それでは、支給割合は基本的には固定報酬と賞与と株式報酬の割合になると思われる(実際に決定している限り、業績連動報酬と業績連動報酬以外の報酬という分け方をしてもよいが、主な株主や投資家が求める開示とは思われない)が、どのように表記すればよいであろうか。

　前述のウイリス・タワーズワトソンによる2022年の調査では、固定報酬、賞与(業績連動金銭報酬)、株式報酬の順に各国比率を説明している(43頁参照)。

米国	9 %	22%	69%
英国	22%	37%	41%
ドイツ	25%	42%	33%
フランス	25%	39%	36%
日本	36%	38%	26%

では、報酬の比率については、何をどのように説明するとよいのだろうか。比率の開示については色々な方法があるので、紹介する。

（ア）　全ての総和が１、10、100のいずれかになるよう、各要素を分解して表示する

ウイリス・タワーズワトソンの表記は、総和が100になっており（43頁参照）これにあたる。全体的なバランスが一目瞭然である。１、10、100という切りのよい数値を使うことで、有価証券報告書や事業報告等を読む株主・投資家がスピーディーに理解できる。

全体をパーセンテージで表記する方法も、総和が100となるため、同様である。

（イ）　固定報酬を１として、賞与や株式報酬を比較する

例えば、固定報酬を基準として１とし、固定：賞与：株式の報酬割合を、１：0.6：0.4と表記する方法である。日本では、M&Aの際の合併比率等で、よく用いられる。

固定報酬との比較がわかりやすく、日本の上場会社が賞与や株式報酬の金額水準を定める際に固定報酬を基準としている例もあることから、その思考過程とも整合する。

ただし、株主・投資家から見ると、報酬全体に占める各報酬の割合が一目瞭然ではなく、若干、親切とはいえない側面がある。

なお、上記の比率を(ア)の方法で記載すると「５：３：２」である。もっとも、「１：３：２」「１：0.8：0.6」というような中途半端な数値の場合、総合計が10の倍数にならないと、株主・投資家が報酬バランスの全体のイメージをつかみづらくなるのではないかという懸念がある。

そうすると、株主・投資家が全体像をイメージしやすいことと、グローバルな情報収集を行っていることで有名なウイリス・タワーズワトソンが採用している方法のほうが株主・投資家にも馴染みがあることから、開示

としては、(ア)の総和が10、100といった数値になるような開示のほうが、より的確に株主・投資家に伝わるであろう。

② 比率を明示しないことはできるのか

固定報酬・賞与・株式報酬の比率に関する方針は取締役会で明示して決定していないので開示したくない、という意見を聞いたことがある。しかし、固定報酬を全く基準にせずに何らの根拠もなく賞与や株式報酬の基準を決めることは通常なく、固定報酬から考えて概ねこの水準で、というように賞与や株式報酬を決定していることが多いと推察される。この思考過程に沿う限り、概算といえ実質的には報酬比率を決定した上で賞与や役員報酬の割合を決めているといえ、開示をする必要があることになる。

また、役員報酬の支給実績は開示しており、その中で固定報酬、賞与、株式報酬に分類して開示していることから、比率を割り出すことはでき、比率自体を開示しなくとも株主や投資家が知ることとなるので、当該比率を記載しないことに実質的な意義は感じられない。結果的には開示していることと同様の結果となっているにもかかわらず、会社の役員報酬開示に関する消極性が見えることになる。

結局、報酬比率の開示をしないという選択はあまり実効性がなくデメリットがあることから、余程の事情がない限り開示したほうがよいだろうし、また、取締役会でも開示を意識して議論をすることが適切であろう。

2 グラフ・算式等の活用

今まで引用してきたとおり、役員報酬の説明については、文章だけの会社もあれば、表・数式、グラフ・図面を使用し、また、カラフルに作成している会社もある。

この点、少なくとも業績連動報酬については、当該業績連動報酬等の額

又は数の算定方法を開示しなければならず(会施規121五の二ロ)、算式の記載は必要である。また、当該業績連動報酬等の額又は数の算定の基礎として選定した業績指標の内容及び当該業績指標を選定した理由と、当該業績連動報酬等の額又は数の算定に用いた業績指標に関する実績も開示しなければならず(会施規121五の二イ・ハ)、わかりやすく記載しようとすれば、一覧表を使うことになろう。

このように、文章だけの説明では難しいので、それならば読者である株主・投資家にわかりやすいよう、見やすい算式や一覧表を作成することが好ましいであろう。

3 電子提供措置等、電子メディアの活用

株主総会の事業報告等については、電子提供措置が適用され、全株主に書面を送付する必要がなくなることから、記載事項が増加しても郵送費等が増加することを心配する必要がなくなっている。そのため、事業報告において役員報酬に関する記載を充実させることについては、よりハードルが下がることになる。

また、有価証券報告書については、元々EDINET上の開示が原則であることから、役員報酬について算式、図面、一覧表を駆使し、また着色する等充実した開示を行っている会社もある。

更に、統合報告書や自社のホームページにおいて、役員報酬について充実した開示を行っている会社もある。

これらの代表的な会社については、本書でも引用しているので、実物を参照してほしい。

第5章

最近の役員報酬に関する問題

近時は役員報酬に注目が集まっており、いくつかの問題が顕在化し始めている。

まずは、コーポレート・ガバナンスに関する非財務情報について虚偽記載が行われ、表面化する事例がある。

また、顧問・相談役制度に注目が集まり、廃止する上場会社も出始めている。会社法上では制度について承認も否定もされていないため、対応は会社に任されるが、東京証券取引所は、制度を任意の開示事項として位置付けているため、自主的対応について紹介する。

また、昨今「ESG」に注目が集まっている。中でも「E（環境）」や「S（社会）」に関するKPIを設け、役員報酬に反映させる先端的な上場会社の実例を紹介する。

有価証券報告書虚偽記載との関係

1 記載事項の重要性

　有価証券報告書や有価証券届出書において、役員報酬に関する独立した項目が設けられ、また、記載上の注意において詳しく記載内容が定められる等、金融商品取引法上、役員報酬については、コーポレート・ガバナンスに関する充実した開示が義務付けられている。これは、金融商品取引法上、コーポレート・ガバナンスに関する情報が有価証券報告書提出会社の将来予測に資する重要な事実であり、その中でも役員報酬は重要な事項であると判断されていることによるものである。

　そのため、どの上場会社も、役員報酬に関しては、重要な事項は必ず記載しなければならず、また、重要な事項につき意図的な不記載や誤って記載を漏らすことがあってはならず、これらが発見されたときは、訂正報告書を発行しなければならないという、厳しい責任が課されている。

2 非財務情報の重要性

　貸借対照表、損益計算書、キャッシュフロー計算書等の財務情報については、決算期において確定した数値の情報として重要なことは論を待たないが、それはあくまで過去の実績であって将来の予測に関してはそれが全てとはいえない。一方、コーポレート・ガバナンスといった非財務情報については、将来の予測に関しても重要な情報提供をすることができるものであることから、近時はその重要性が考慮され、次第に記載の充実が求められてきているのである。

　そのため、従前、役員報酬は「コーポレート・ガバナンスの状況等」の一

部としてEDINETの目次上は標題が設定されていなかった。現在では、開示府令の改正により、「4 コーポレート・ガバナンスの状況等」の中の項目として「(1) コーポレート・ガバナンスの概要 (2) 役員の状況 (3) 監査の状況 (4) 役員の報酬等 (5) 株式の保有状況」と、独立した項目として扱われ、かつその項目についてEDINET上のPDFではしおり機能によりリンクが張られている。すなわち、役員人事や監査体制と並んで、役員報酬がコーポレート・ガバナンス上の重要情報として取り扱われており、また、その情報は非財務情報として重要性が増してきているといえる。

3 非財務情報に関する虚偽記載

　従前、有価証券報告書等虚偽記載といえば、財務情報、すなわち、売上や利益、費用、現預金の残高等について虚偽の記載が故意になされた「粉飾決算」や故意ではない「誤謬」であった。そして、非財務情報に関しては、有価証券報告書等虚偽記載について刑事告発が行われたり課徴金納付命令が発令されたりはしてこなかった(ただし、一部には、財務局による事実上の指摘がなされ、これに対応して訂正を行った会社もあるようである)。

　しかし、近年、非財務情報に関する虚偽記載について金融庁や証券取引等監視委員会が強い関心を持つようになった。そして、具体的な処分事例として、日本フォームサービスに対する課徴金納付命令に関する勧告が証券取引等監視委員会からなされ、金融庁により課徴金納付命令が発された。この件では、コーポレート・ガバナンスに関する重要な虚偽記載が複数指摘されたが、役員報酬については指摘されなかった。

　続いて、証券取引等監視委員会から、日産自動車に対して、課徴金納付命令に関する勧告がなされ、更に刑事告発が行われた。この件は、まさに役員報酬に関する虚偽記載が取り上げられた事案であった。

【実例：日本フォームサービス株式会社】

　2020年1月30日付の課徴金納付命令の決定要旨によれば、日本フォームサービスは、売上の前倒し計上、仕入除外による売上原価の過少計上及び固定資産の減損損失の先送り等の不適正な会計処理を行うとともに、有価証券報告書中の「第一部　企業情報」「第4　提出会社の状況」「6　コーポレート・ガバナンスの状況等」「(1)コーポレート・ガバナンスの状況」において、実態とは異なる記載を行ったと認定された。

　そして、他の財務情報に関する虚偽記載と併せて、2,400万円の課徴金納付命令を受けた。

　具体的には、以下の内容である。

・取締役会が毎月開催されていたと記載されていたが、実際には年3回しか開催されていなかった。

・取締役会に重要事項の全てを上程していたと記載されていたが、実際には重要事項の大半が上程されていなかった。

・監査役が、取締役会をはじめ、経営会議、開発会議等の重要な会議に出席し、取締役の業務執行について厳正な監査を行っていたと記載されていたが、実際には、会議に出席しているものの取締役の業務執行を何ら監査していなかった等、厳正な監査を行っていなかった。

・コンプライアンス担当取締役を任命すると記載されていたが、実際にはコンプライアンス担当取締役は任命されていなかった。

・監査室を設け全社のコンプライアンスの取組みを横断的に統括すると記載されていたが、実際には、監査室は業務分掌規程で規定されたのみで実体がなかった。

・監査役は、代表取締役社長、監査法人とそれぞれ定期的に意見交換会を開催すると記載されていたが、監査役が会計監査人との間で意見交換を行ったことがなかった。

・内部統制システムの内容について、総務部は他の事業部と連携し子会社における内部統制の実効性を高める施策を実施するとともに、必要

な子会社への指導・支援を実施すると記載されていたが、実際にはこれらの施策や指導・支援を行っていなかった。

・総務部は子会社の内部統制の状況について、年2回及び必要と判断する都度、当社取締役会に報告すると記載していたが、実際には、内部統制の状況について取締役会に報告していなかった。

・監査役は、監査人との連携を図るために、決算期並びに必要な都度ミーティングを行い、現状の監査状況及び業務執行に対して意見交換を行っていると記載していたが、実際には、監査役は会計監査人との間で意見交換を行ったことがなかった。

　上記のように、コーポレート・ガバナンスに関する記載が虚偽であることを数多く列挙して課徴金納付命令を発令している。

　無論、コーポレート・ガバナンスに関する施策の重要なものの多くが有価証券報告書の記載のとおり実施されていなかった、という悪質な案件であり、役員報酬に関連する部分はないが、非財務情報について有価証券報告書の虚偽記載が成立することが明らかにされた。

【実例：日産自動車株式会社】

　2020年2月27日付の課徴金納付命令の決定要旨によれば、日産自動車は、「(1)コーポレート・ガバナンスの状況」「④役員の報酬等」の「＜役員区分ごとの報酬等の総額等＞及び＜役員ごとの連結報酬等の総額等　但し、連結報酬等の総額1億円以上である者＞」において虚偽記載を行い、課徴金として24億2,489万5,000円(後に罰金2億円の判決を受けたことから、22億2,489万5,000円と、2億円減額されている)が課された。

　具体的には、2015年3月期から2018年3月期までの間の有価証券報告書上の上記各欄に記載された役員報酬の金額が過少であることが主な虚偽記載である(株価連動型インセンティブに関する記載についても指摘があるが、この点についての説明は複雑なため省略する)。

　この他に、2015年3月期(次表参照)及び2016年3月期については、当

初記載されていた2名以外に1億円以上の報酬を受領していた(又は受領することが決められていた)者が3～4名追加され、また、退任取締役に対して支給された株価連動型インセンティブ受領権の過去の開示(引当金等による開示が想定される)との差額の記載が必要とされたことが目につく。

　この課徴金納付命令及び罰金刑について、法人自体(日産自動車)は、いずれも認めて争っていない。そして、元代表取締役1名については有罪判決が下されて控訴しており、別の元代表取締役は海外に出国したため、起訴されたものの裁判が進行していない。その他の取締役については起訴されておらず、刑事裁判そのものが行われていない。

　第一審判決(「資料版／商事法務」2022年5月号123頁以下)においては、社内で、支払いを延期する報酬について、役員退職慰労金の打ち切り支給に含まれるかどうか、退任後に顧問契約等を行ってその対価として支払うこととするかどうか、また、どのような決定手続がなされた場合に記載義務が生じるかについて争われており、控訴審でも争われることが予想される。

　すなわち、現行法上は、報酬の一部を未払いとする場合、また、役員報酬について何らかの方法で事後的に填補する場合、どのようにすれば有価証券報告書上の開示義務が生じないといえるか不明確である。例えば、不祥事その他の理由により取締役報酬を減額された取締役に事後的に填補の趣旨で金員を支払った場合や、顧問・相談役が職務執行を行わなかったにもかかわらず顧問・相談役報酬を支払った場合等、実際に他社では行われているものの解釈が難しい場面も考えられる。

4　総　括

　上記のとおり、日本フォームサービスについては、取締役会の開催や監査及び内部統制に関して虚偽記載が認められているが、これらはいずれもコーポレート・ガバナンスの重要な要素として理解されており、これらについて虚偽記載を行うことは、法的リスクが非常に高いと解されよう。

表 2（下線部は、虚偽の記載に関する部分）
（1）第116期（平成26年 4 月 1 日〜平成27年 3 月31日）に係る有価証券報告書

有価証券報告書に記載すべき内容

〈役員区分ごとの報酬等の総額等〉 （単位：百万円）

区分	総報酬	金銭報酬	株価連動型インセンティブ受領権（行使可能数確定時の公正価値）	株価連動型インセンティブ受領権（行使分について、過去の開示額との差額）
取締役（社外取締役を除く）	3,230	2,772	176	282
退任取締役	58	—		58

有価証券報告書に記載された内容

〈役員区分ごとの報酬等の総額等〉 （単位：百万円）

区分	総報酬	金銭報酬	株価連動型インセンティブ受領権
取締役（社外取締役を除く）	1,635	1,459	176

〈役員ごとの連結報酬等の総額等　但し、連結報酬等の総額 1 億円以上である者〉 （単位：百万円）

氏名	総報酬	金銭報酬	株価連動型インセンティブ受領権（行使可能数確定時の公正価値）	株価連動型インセンティブ受領権（行使分について、過去の開示額との差額）
■■■■	2,213	2,213	—	—
■■■■	158	140	15	3
■■■■	123	70		53
■■■■	231	231		—
■■■■	154	49		105
■■■■	151	30		121

〈役員ごとの連結報酬等の総額等　但し、連結報酬等の総額 1 億円以上である者〉 （単位：百万円）

氏名	総報酬	金銭報酬	株価連動型インセンティブ受領権
■■■■	1,035	1,035	—
■■■■	155	140	15

（4）第119期（平成29年 4 月 1 日〜平成30年 3 月31日）に係る有価証券報告書

有価証券報告書に記載すべき内容

〈役員区分ごとの報酬等の総額等〉 （単位：百万円）

区分	総報酬	金銭報酬	株価連動型インセンティブ受領権（行使可能数確定時の公正価値）	株価連動型インセンティブ受領権（行使分について、過去の開示額との差額）
取締役（社外取締役を除く）	3,741	3,310	—	431

有価証券報告書に記載された内容

〈役員区分ごとの報酬等の総額等〉 （単位：百万円）

区分	総報酬	金銭報酬	株価連動型インセンティブ受領権
取締役（社外取締役を除く）	1,654	1,564	90

〈役員ごとの連結報酬等の総額等　但し、連結報酬等の総額 1 億円以上である者〉 （単位：百万円）

氏名	総報酬	金銭報酬	株価連動型インセンティブ受領権（行使可能数確定時の公正価値）	株価連動型インセンティブ受領権（行使分について、過去の開示額との差額）
■■■■	2,869	2,491		378
■■■■	499	499	—	—

〈役員ごとの連結報酬等の総額等　但し、連結報酬等の総額 1 億円以上である者〉 （単位：百万円）

氏名	総報酬	金銭報酬	株価連動型インセンティブ受領権
■■■■	735	735	
■■■■	499	499	

出典：金融庁 HP「日産自動車（株）に係る有価証券報告書等の虚偽記載に対する課徴金納付命令の決定について」内「決定要旨」

日産自動車の場合も、課徴金が科され刑事告発がなされていることから、同様に、役員報酬がコーポレート・ガバナンスの重要な要素として理解されており、これらについて虚偽記載を行うことは、法的リスクが非常に高いと解されよう。実際、元代表取締役が刑事事件として起訴されていることから、当局において、役員報酬に関する有価証券報告書の記載が重要視されており、虚偽記載については強い態度で臨むという姿勢が明確になっているといえよう。

　非財務情報に関する有価証券報告書等虚偽記載については、上記の案件以降、金融庁や証券取引等監視委員会の関心が弱くなっている様子はなく、引き続きこれらの虚偽記載を行わないよう、注意しなければならない。

　これを会社側から見ると、役員報酬に関しては、取締役、特に業務執行取締役は開示しないことを求める傾向が強いことから、こうした会社においては、虚偽記載のリスクがあることに留意しなければならない。虚偽記載は、事実と異なる記載をした場合だけではなく、記載が必要な重要事項についての記載を行わなかった場合にも認められるので、「記載しない」という不作為についても刑事罰や行政罰が科される可能性があることに留意しなければならない。

第2節 顧問・相談役報酬

■ 1 顧問・相談役制度

(1) 概 要

顧問・相談役とは、主に、代表取締役社長や代表取締役等、経営トップであった者が引退した後に、数年間又は終身の契約で当該地位に就任する場合を指す(従業員が技術伝承等のために定年退職後に顧問に就任する例もあるが、これは役員報酬とは無関係なため、本書では範囲外とする)。

従前は、取締役相談役という地位が定款や社内規程で定められていた時代もあるが、代表取締役である会長や社長よりも上位の者が取締役会で議決権を持っていると社長や会長の業務執行が萎縮してしまうことに加え、何より引退した者が会社経営に関与することは好ましくない、という株主・投資家の意見が強くなったことから、現代では、取締役相談役が選任されている例は、筆者が調べた限り著名な上場会社では見当たらない。

なお、理事という肩書きが付される場合もある。

(2) 職 務

顧問・相談役の職務としては、主に、顧問・相談役が取締役時代に構築した会社と顧客等の関係を引き続き維持し、又は拡張するという人脈を活かした営業、財界における各種団体の役員等としての活動、また、官公庁や公的団体において委任される活動がある。

なお、創業者や功労者が引退した場合等、具体的な職務がない顧問・相談役もある。

③ 待 遇

（1） 金銭報酬

前述②に記載した職務があることから、報酬として金銭が支払われることが少なくない。その金額については、代表取締役時代の報酬と比較すると少額ではあるものの、従業員と比較すると、その職務量に見合っているかどうか疑問視される例もある。

高額報酬を受け取っていた代表取締役を引退した場合、その翌年の住民税が多額であることから、その税金の支払原資のために顧問・相談役に選任して報酬を支払っているケースも実在するようである。

なお、こうした報酬については、顧問・相談役が取締役の時代から内規が存在し、就任すれば内規に沿った報酬を受け取ることができ、退任時に確定していた取締役報酬として有価証券報告書に記載しなければならないのではないか、という疑問も生じ得るところである。この点については、顧問・相談役としての職務を執行し、その職務に見合った報酬である限り、職務執行の対価であって、退任時に確定していた取締役報酬には該当しない、と考えられている。もっとも、確定した裁判例等がないので、有価証券報告書等への記載が絶対に不要であるとは断定できないことに留意されたい。

（2） 非金銭報酬

顧問・相談役については、運転手付きの社用車、秘書、社内の個室のいずれか又は全てが会社の経費で付与される例がある。これらについては、前記②の職務に必要とも考えられ、そのような場合は必要経費であって報酬(非金銭報酬)にはあたらないであろうが、職務がない、あるいはほとんど従事していない場合は、非金銭報酬と解釈されることになろう。

このように、顧問・相談役に運転手付きの社用車(Car)、秘書(Secretary)、社内の個室(Room)が与えられることが少なくないことから、「CSR」

（会社の社会的責任ではなく、これらの英単語の頭文字を取ってつなげている）と揶揄
する者もいる。

　また、社用車と秘書と個室が与えられれば無報酬でよいとする顧問・相
談役もいるようである。顧問・相談役制度において、こうした便宜を図る
かどうかについては、外部との連絡や移動手段の確保等の必要性も考えら
れるところである一方、コストと成果が見合っているかどうかの判断・評
価は難しいところである。

■ 2　顧問・相談役と退任後報酬

　退任後報酬とは、会長、社長等の取締役の地位にあった者が、退任後に
顧問・相談役、その他名目の如何を問わず、会社と契約をしてその職務の
有無にかかわらず受け取る報酬をいう。

　米国では、2006年の改正時において役員退任等に関連してその役員に
支払いをすることとされている全ての契約、合意、計画等について、個別
に開示されなければならないことが、米国SEC Regulation S-K, Item 402
(j) . において定められている。その内容をまとめると、以下のとおりで
ある。

退職後の報酬に関する開示

　開示対象役員の退任（辞任、定年、契約の終了等あらゆるものを含む）、会社の
支配権の移転又は開示対象執行役員の職務の変更に関連して、その役員に
支払いをすることとされている全ての契約、合意、計画等について、個人
別に開示される。具体的には、以下の内容が記載される。

　（イ）支払い等の条件とされている具体的な状況

　（ロ）支払い等の対象となる状況において予定されている支払い等の金額
　　　等

　（ハ）支払い等の条件とされている様々な状況が発生した場合に、支払い

参考：Legal Information Institute HP
　　　「17 CFR § 229.402 － (Item 402) Executive compensation.」

　一方、日本ではそのような開示義務は設けられていない。

　ただし、顧問・相談役が会社経営において重要な地位を占めている会社
があり、機関投資家等がコーポレート・ガバナンスに関して影響が生じて
いるのではないかと考えるようになったことから、東京証券取引所は、
CG 報告書において、退任後報酬を任意的な記載事項として定め、その記
載を行うかどうかを上場会社の自主的な判断に委ねている。

　顧問・相談役は、米国の退任後報酬には該当することから、外国機関投
資家が関心を抱いたとしても不思議はないと考えられる。

3　CG報告書の記載要領と実例

　東京証券取引所における CG 報告書の記載要領は、以下のとおりであ
る。

さい。

（例）代表取締役社長等であった者が、取締役など会社法上の役員の地位を退いた後、引き続き、相談役や顧問など何らかの役職に就任している、又は何らか会社と関係する地位にある場合には、それぞれの者ごとに氏名や役職・地位、業務内容、勤務形態・条件（常勤・非常勤、報酬有無等）及び代表取締役社長等の退任日、相談役・顧問等としての任期を記載するとともに、その合計人数を記載することが考えられます。また、「その他の事項」の欄には、

・相談役・顧問などの存廃に係る状況（「すでに廃止済み」、「制度はあるが現在は対象者がいない」など）

・相談役・顧問等に関する社内規程の制定改廃や任命に際しての、取締役会や指名・報酬委員会の関与の有無

・相談役・顧問等の報酬総額

などについて記載することが考えられます。

（※ 前略）

※ 報酬については、給与、顧問料など費目の名称を問いません

（※ 後略）

出典：日本取引所グループHP「コーポレート・ガバナンスに関する報告書 記載要領（2022年4月版）」

このように、記載をするとした場合、例示とはいえ、詳細な開示が求められている。

そして、このCG報告書への記載は、建前上は任意とのことで、義務化はされていない。しかし、機関投資家等はこの報告書の記載に基づいて対話を行う際、記載があればその記載に基づいて質問をすることになり、記載がない場合は、顧問・相談役制度の有無やその現況について質問をしてくるであろうことが予想される。実際、米国では退任後報酬としての開示義務があるため、外国機関投資家には実例があり、日本では経済産業省

のアンケート報告やCGSガイドラインで見られるように、顧問・相談役がオフィシャルに認識され、機関投資家の関心事項のひとつになっている。いずれにせよ、上場会社としては株主・投資家に対して隠し通すことは難しくなっている。

そして、この開示項目が設けられたことがきっかけかどうかは不明であるが、退任取締役に関しても一定の監督を及ぼす会社も出てきている。CG報告書には、対象者について、氏名、役職・地位、業務内容、勤務形態・条件(常勤・非常勤、報酬有無等)、社長等退任日及び任期について所定の一覧表に記載して開示することになる。各社の個性は特記事項に見られるので、紹介する。

【実例：古河電気工業株式会社】

同社の特色としては、指名・報酬委員会が関与して特別顧問・名誉顧問制度を設けていることや、自社の経営に関与していないこと、一定の場合には報酬を支払うこと、特別顧問の任期等を明記し、コーポレート・ガバナンスを意識していることを対外的に表明している。

1．当社では代表取締役社長経験者は退任後、相談役に就任しておりましたが、コーポレートガバナンスのあるべき姿、透明性確保等の観点から、委員の過半数および委員長を社外取締役とする指名・報酬委員会にて審議の上、2018年7月1日をもって相談役制度を廃し、新たに特別顧問・名誉顧問制度を設けております。

2．特別顧問・名誉顧問は、原則経済団体活動や社会貢献活動に従事することを目的とし、当社および当社グループの経営に関与しません。

3．特別顧問が当社グループにとって重要な対外活動を担う場合には報酬を支払うことがあります。

4．上記の「社長等退任日」には、当社の代表取締役社長の退任日を記載しております。(以下略)

５．上記の「任期」については、現役職（特別顧問は制度変更前の相談役期間を含む）の在任予定期間を記載しております。

　特別顧問の任期は最大５年間を原則とし、活動実態ならびに報酬については指名・報酬委員会へ定期的に報告することとしております。

　また、特別顧問の任期終了後は名誉顧問に就任することとし、名誉顧問は任期の定めを設けておりません。

（2022年6月23日付CG報告書）

【実例：株式会社小松製作所】

　特記事項の記載のみ紹介する。A氏のみに報酬を支払っていることから、社外活動について明記している。ただし、指名・報酬委員会の関与や自社グループの経営への関与の有無については明記されていない。

【特記事項】
＊1　A氏の主な社外活動は以下の通りです。
　　・内閣府大学支援フォーラムPEAKSメンバー
　　・公益財団法人日本花の会理事長
＊2　B、Cの両氏については、顧問としての肩書のみの付与であり、業務委嘱は行っていません。
（筆者注：氏名をアルファベットで表記した）　　（2022年6月30日付CG報告書）

【実例：伊藤忠商事株式会社】

　相談役・顧問制度を廃止したことと、退任後の役員の地位・職務・待遇等について、理事制度を採用した上で地位ごとに内容を開示している。また、経営に関与しないことと財界活動の実情等を明記しており、実直な開示であると評価できるところである。

当社は、2018年1月18日開催の取締役会において、2018年4月1日付をもって相談役・顧問制度を廃止することを決議しております（外部招聘の顧問は廃止の対象外）。

当社は従前より、相談役・顧問制度の他に「理事」制度を有しており、退任役員には理事を委嘱することとなります。当社の「理事」制度は、役員が退任した後の名誉職としての位置付けであり、理事が当社経営に関与することはありません。当社の担う財界活動等の実情に鑑みると、退任役員によるサポートは必要であり、「特別理事」、「専務理事」及び「常務理事」の役付理事を設置、役付理事に当該活動等を担っていただくこととし、当該活動に見合う処遇を行うこととしております。理事制度については、下記をご参照下さい。

（呼称）	（定数）	（任期）	（勤務形態）	（報酬）	（役割）	（備考）
名誉理事	若干名	定めない	非常勤	なし	なし	会長・社長経験者のみ
特別理事	1名	有期	原則、常勤	あり	財界活動等の社外活動に従事	会長・社長経験者のみ
専務理事	若干名	有期	原則、常勤	あり	財界活動等の社外活動に従事	―
常務理事	若干名	有期	原則、常勤	あり	財界活動等の社外活動に従事	―
理事	定数無	定めない	非常勤	なし	なし	―

（罫線筆者）

＊役員とは「取締役（非常勤の取締役を除く）、執行役員及び監査役（非常勤の監査役を除く）」をいいます。

＊＊「特別理事」「専務理事」「常務理事」の任期は、委嘱の都度定めます。

（2022年6月24日付CG報告書）

【実例：武田薬品工業株式会社】

　顧問制度を廃止したものの、CG報告書作成時に就任していた相談役について記載し、報酬、社用車、専任秘書等の待遇についても明記している。また、役職や権限等も明記し、株主・投資家の関心事項について明確にしているといえよう。

> ・当社は、相談役制度に関する内規を定めております。顧問制度は、2017年7月に廃止しています。
> ・相談役の委嘱は社長CEOの決裁事項であり、委嘱後、取締役会への報告が義務付けられています。
> ・■■（筆者注：氏名）相談役の報酬は2018年7月1日付より健康保険関連費（年額約1.9百万円）のみ支給し、実質的な報酬は支給しておりません。社用車や専任秘書は置いていません。
> 　（略）
> （※）■■（筆者注：氏名）相談役の業務内容
> ・当社社長・会長および経済同友会代表幹事時代に就任した社外の要職（三極委員会アジア太平洋委員会委員長（任期2019年6月まで）等）について、それらの任期満了まで任務にあたる。
> ・これまで構築したネットワークを現経営陣に引き継ぎ、現経営陣による事業の安定的運営に資する。
> ・現経営陣の求めに応じて、過去の経緯を知るものとして助言を行う。なお、取締役会資料等の経営に関わる情報へのアクセス権限はなく、当社の事業判断には一切関与していない。
>
> （2018年11月8日付CG報告書）

【実例：株式会社三菱UFJフィナンシャル・グループ】

　該当する退任取締役が13名と、上記4社と比較して多いことが特徴で

ある。

　また、特記事項は以下のとおりであり、持株会社ではなく事業子会社に該当する制度があることを開示していることに特色がある。

・三菱 UFJ 銀行・三菱 UFJ 信託銀行・三菱 UFJ 証券ホールディングス（以下、「3 社」）では相談役・特別顧問等に係る制度を改廃し、当社の指名・ガバナンス委員会（社外取締役が過半を占める）での審議を経て、2018年 7 月より新たな特別顧問等に係る制度を施行しております。（なお、当社に当該制度はありません。）

・3 社の会長・副会長・社長／頭取経験者を財界活動や社会貢献活動等の対外活動に従事する目的で特別顧問とする場合があります。

・特別顧問の就任期間は、原則として最長 6 年間を目処とし、その活動状況等を踏まえ必要に応じて契約を 1 年毎に更新し、指名・ガバナンス委員会に報告します。但し、新制度移行前の相談役・特別顧問等については一定の移行措置を講じる場合があります。

・特別顧問退任時において、当該対外活動を維持する必要がある場合には、名誉顧問（無報酬）として顧問契約を締結する場合があります。任期については、その活動状況等を踏まえ必要に応じて 1 年毎に契約を更新し、指名・ガバナンス委員会に報告します。なお、維持すべき対外活動が寡少で 3 社と顧問契約を締結しない場合にも、名誉顧問の呼称を使用することがあります。

・特別顧問・名誉顧問は経営の意思決定には関与せず、経営陣による特別顧問・名誉顧問への定例報告等も実施しません。

・特別顧問が当社グループにとって重要な対外活動を行う場合、その職務に見合った報酬として年間20百万円を上限に支給し、名誉顧問は無報酬とします。また、必要に応じて、執務室（本社外）、社用車、秘書を利用することがあります。

（2022年11月 7 日付 CG 報告書）

記載事項については、持株会社のコントロールの状況、活動状況、経営への関与、報酬、執務室(本社外)、社用車、秘書の利用について記載している。

4 総括

取締役退任後の元取締役の処遇については、会社の経営上難しいことが多い。実際、営業活動、財界活動、業界活動、国や公的機関における活動との関係等、様々なものがあり、これを、引退後に元取締役が担うことについては、それ自体に問題があるとまではいえないと思われる。もっとも、株主・投資家としては、議決権の及ばない元代表取締役等が会社の経営に関わることは、現役の役員が先輩である元取締役に気を遣う等、現役の取締役の経営に影響を及ぼすことが危惧されるため望まないであろう。そのため、両者の立場の違いが現れるところであり、開示とコミュニケーションが重要となる。

そこで、まず、営利社団法人である株式会社としては、①職務(経営に関わらないことが必要と思われる)、②職務に見合った報酬や待遇(社用車、秘書、執務室等)について、しかるべきガバナンスを効かせる(例えば、任意の指名・報酬委員会の意見を可能な限り反映させる等)ことが、ガバナンスが重視される現代では重要となる。また、上場会社としては十分な開示が必要であろう。

開示にあたっては、CG 報告書の記載事項である役職・地位、業務内容、勤務形態・条件(常勤・非常勤、報酬有無等)、社長等退任日及び任期を記載することは必要であるが、追加情報として、経営への関与の有無(関与していないことを記載することが多いであろう)、経営陣とのコミュニケーション、社用車・秘書・執務室の利用といった待遇等の詳細な情報を記載することが重要で、これらを含めた機関投資家等が関心を持つ項目を記載することで、円満なミーティングが期待できると思われる。

取締役退任時は住民税に注意

　会社役員の場合、毎年少なくない役員報酬をもらっていても、いつか退任する日が来ます。すると、日本の税制の場合、退任して無報酬となった翌年にも、多額の都道府県民税・市町村民税（住民税）が請求されることになります。そのため、従前は、退職慰労金がこの地方税を支払う原資となっていたようですが、現在は退職慰労金制度を廃止した上場会社がほとんどであり、退職慰労金をあてにはできません。一方、顧問・相談役制度も、税金対策になると聞きましたが、最近は投資家の視線が厳しく、制度を廃止したり縮小したりする企業が増えましたし、何より、顧問・相談役は椅子の数が少なく、元々あまり望みがありません。

　そこで、退職金代わりに退職時に株式を受け取ることができる１円ストック・オプションや退職時に受け取る譲渡制限株式に期待しますが、株式報酬は、報酬を自社株式でもらうことから、それを換金するという手間がかかります。すると、株式を退任直後に売ることは、インサイダー取引に該当するリスクがあることから、容易ではありません。また、受け取った株式を担保にお金を借りても、利息や担保掛け目の関係で必ずしも満足できる条件ではないこともあるでしょう。

　そこで、最近は、退任と同時に一定の譲渡制限株式を譲渡制限解除時に売却する契約を予め結んだり（知る前契約スキーム）、退職時ボーナス（パフォーマンス・シェアという株式報酬と同時に支給するスキームもあります）や信託型報酬制度を採用したりして、退任時に株式と金銭を受け取り、住民税を納入する手法が考えられています。

第3節 ESGと役員報酬

1 ESGとコーポレート・ガバナンス

　ESGは、場面によって様々に説明され、決定的な定義というものはない。筆者なりの理解をいえば、会社は持続的に成長しなければ収益機会も失い、存続さえも危うくなるため、サステナビリティを備えることは必須だということである。地球全体のサステナビリティのためのEnvironment、社会におけるサステナビリティのためのSocial、そして、会社自身のサステナビリティのためのGovernanceが求められ、更にいえば、ESGを実現するための適切な会社のGovernanceを構築することも必要である。ESGの内容や定義については、何年もの議論を経ており、現在はサステナビリティを実現するためにはESG対応が欠かせない、という理解が普及している。

　そして、東京証券取引所のCGコードにおいても、以下のとおり、原則1項目、補充原則2項目において言及されている。

【原則2−3　社会・環境問題をはじめとするサステナビリティを巡る課題】
　上場会社は、社会・環境問題をはじめとするサステナビリティを巡る課題について、適切な対応を行うべきである。

補充原則
2−3①　取締役会は、気候変動などの地球環境問題への配慮、人権の尊重、従業員の健康・労働環境への配慮や公正・適切な処遇、取引先との公正・適正な取引、自然災害等への危機管理など、サステナビリティを

巡る課題への対応は、リスクの減少のみならず収益機会にもつながる重要な経営課題であると認識し、中長期的な企業価値の向上の観点から、これらの課題に積極的・能動的に取り組むよう検討を深めるべきである。

補充原則

3−1③　上場会社は、経営戦略の開示に当たって、自社のサステナビリティについての取組みを適切に開示すべきである。また、人的資本や知的財産への投資等についても、自社の経営戦略・経営課題との整合性を意識しつつ分かりやすく具体的に情報を開示・提供すべきである。

　特に、プライム市場上場会社は、気候変動に係るリスク及び収益機会が自社の事業活動や収益等に与える影響について、必要なデータの収集と分析を行い、国際的に確立された開示の枠組みである TCFD またはそれと同等の枠組みに基づく開示の質と量の充実を進めるべきである。

2　ESGと役員報酬

　では、なぜ ESG と役員報酬を関連付けて議論するのか。

　ESG は、サステナビリティを実現するための概念であり、ESG 対応は、会社自身が自主的に取り組んで、実施しなければならない。すなわち、会社の役員にとって、ESG は、現実に対応しなければならない重要課題である。

　しかし、ESG については、これを実現するための施策を打っても、すぐには会社の収益や株価が上昇するわけではない。ESG 対応は、即効性のない施策であるが、会社が長期的に活動するための基礎的な力を付けるものだといえる。つまり、自らの現役時代には収益や株価等に結びつかず結果が出ないかもしれないが、取締役等を引退した後に収益や株価に結び

つくかもしれない。逆に、株価や収益が向上しても、他の要素による向上と解釈されてしまい、ESGによるものとは理解されないかもしれない。

　そうすると、現在の会社、特に上場会社では業績連動報酬が普及しつつあり、その比率が次第に高まっていることからも、結果の出にくいESGに関する施策は二の次にして、結果の出やすい施策を積極的に行い、自らの報酬の増額を図る役員がいるかもしれない。無論、そのように会社経営において結果を出し、自らの報酬の増額を図ることは、一面において経営者の判断として間違いとはいえないし、その結果、株主や投資家にも利益があり、エージェンシー問題を克服するための業績連動報酬が機能している場面ともいえる。

　しかし、結果の出にくい、また、長期的には結果が出ても業績との因果関係を説明しにくいESGに対して、近時は一定の関心を持っているとはいえ役員がどれほど注力するかはわからない。

　そのため、最近では、役員がESGに対する取組みについて精力を傾けるインセンティブとして機能する役員報酬を設計する動きがある。実際、米国等ではそのような報酬を導入している実例も多数ある。

【実例：株式会社三菱UFJフィナンシャル・グループ】

　以下に述べるとおり、理念や目的において、サステナビリティやESG、そして、自社の存在意義について明確にするとともに、その実現を目指すための役員報酬としての考え方を説明している。

●2022年3月期　有価証券報告書

> ２．理念・目的
> ・当社グループは、「世界が進むチカラになる。」をパーパス（存在意義）に、３年
> 　後の目指す姿として「金融とデジタルの力で未来を切り拓くNo.1ビジネスパー
> 　トナー」を、さらに中長期的に目指す姿として「世界に選ばれる、信頼のグロー

バル金融グループ」を掲げております。また、持続可能な環境・社会がMUF
Gの持続的成長の大前提であるとの考えのもと、社会課題解決とMUFGの経
営戦略を一体と捉えた価値創造のさらなる進化を目指しております。

・役員報酬の決定方針としては、このような経営方針の実現を目指し、事業の強
靭性・競争力を強化し、持続的な成長と中長期的な企業価値の向上並びにサス
テナビリティ経営のさらなる進化を可能とするよう、過度なリスクテイクを抑
制しつつ、短期のみならず中長期的な業績向上への役員等の貢献意欲も高める
とともに、「変革への挑戦」に向けた取組みを後押しすることを目的としてお
ります。また、経済及び社会の情勢、当社及び当社グループの業績の状況及び
財務の健全性、並びに国内外の役員報酬に係る規制等を踏まえるとともに、役
員報酬決定プロセスに係る高い客観性及び透明性を確保してまいります。

　ESGやサステナビリティについて、どのように役員報酬に反映させる
かということは、近時検討され始めたばかりで手探りの状態にある。その
中で、同社は、株式報酬において、ESGに関する外部評価機関の評価の
改善度を絶対評価により反映する、としている。ただし、どのような項
目、基準等を用いるかについては具体的な記述はなく、また、KPIも特
段記載されていない。

　②株式報酬（略）

（a）業績連動部分（略）

（ⅰ）（略）

（ⅱ）中計達成度評価部分（同50%）

　以下の指標の中期経営計画における目標比達成率

　・連結ROE（当社基準）（同30%）

　・連結経費削減額（業績連動経費を除く）（同15%）

　・ESG評価機関評価（同5%）

　（略）

> また、サステナビリティ経営のさらなる進化を後押しするとともに、MUFG
> の ESG（注5）への幅広い取組みを客観的に評価する観点から、主要 ESG 評価
> 機関 5 社（注6）による外部評価の改善度について絶対評価を行います。
>
> （注5）環境（E）・社会（S）・ガバナンス（G）
>
> （注6）CDP、FTSE、MSCI、S&PDJ、Sustainalytics の 5 社

　株式報酬の中計達成度評価部分に関して、ESG 評価機関による評価を
5 ％盛り込んでいることに特色がある。そして、その評価機関を 5 社採
用して信頼性を高めている。

> ③役員賞与
>
> （略）
>
> ・社長等の定性評価方法は、例えば「顧客部門の収益力強化」「構造改革の推進・
> 経営基盤の強化」「各種リスクへの対応」「ESG（注5）への取組み強化・サステナ
> ビリティ経営の進化」等 5 項目程度を設定し、各々の KPI（Key Performance Indi
> cator）を踏まえ項目ごとに評価を行った後、定性評価全体について 8 段階評価
> を行っています。また、各執行役の賞与評価においても、担当業務の事業戦略
> 等に応じ ESG 要素を組み込むこととしております。

　役員賞与についても、「ESG への取組み強化・サステナビリティ経営の
進化」も項目に含め、各々の KPI を踏まえて項目ごとに評価を行う、と
しているが、その KPI は記載されていない。また、更に定性評価も行っ
ている。

　執行役の賞与評価においても、担当業務の事業戦略等に応じて ESG 要
素を組み込むとしているが、その KPI は明記されていない。

【実例：株式会社丸井グループ】

　丸井グループは、役員報酬の理念や目的には ESG、サステナビリティ

といった説明は行っていない。しかし、業績連動型株式報酬の中で、ESG
の項目を設けている。

　そして、三菱UFJフィナンシャル・グループと異なり、具体的なKP
Iを明示していることに特色がある。

●**2022年3月期　有価証券報告書**

（ⅱ）業績連動型株式報酬

　当社グループの中長期的な業績向上と企業価値の増大への貢献意欲を高めるこ
とを目的として、2017年3月期より業績連動型株式報酬制度（BIP信託）を導入
しています。本制度は、当社が金銭を拠出することにより設定した信託（以下「本
信託」という。）を用いて、取締役に当社株式の交付等を行う制度です。

・2022年3月末日で終了する事業年度から2024年3月末日で終了する事業年度
　の3事業年度は、各取締役の役位に応じて毎年一定の時期にポイントを付与し
　ます。最終事業年度の会社業績指数の目標達成度等の業績指標（会社業績指数EP
　S、ROE、ROICに加え、当社の共創サステナビリティ経営を推進するためのESG評価指
　標等を使用）に応じて0～110％の範囲で業績連動係数を決定し、これを累積ポ
　イント数に乗じて各取締役に交付する株式数を算出します。

　□ 交付する株式報酬の算定式

　交付する株式数 ＝ 役位別の累積ポイント数 ×（財務指標の業績連動係数 ＋ 非
　財務指標の業績連動係数）

・目標とする業績指標と業績連動係数

	目標とする指標		目標値	実績	業績連動係数
2024年 3月期	財務指標	EPS	140円以上	ー	0%～110% 3指標の平均 達成度により決定
		ROE	10.0％以上		
		ROIC	3.8％以上		
	非財務指標	ESG 評価指標	DJSI Worldの構成銘 柄への選定有無		0%・5%
			CO2排出削減量 35万tの達成		0%・5%

　上記のとおり、丸井グループでは、ESGインデックスの構成銘柄に選定されているかどうか、ということと、CO2排出削減量35万ｔの達成という２点をKPIに掲げている。いずれもYES／NO形式のKPIのため、評価指標としては単純である（ただし、Dow Jones Sustainability World Indexの構成銘柄に採用されるに際しては、様々なESG項目で高得点を獲得しなければならない）が、株主・投資家に対して、ESGへの積極的な取組みをアピールし、ひいては持続的成長を期待させる一要素となっている。

【実例：三菱ケミカルグループ株式会社】

　同社は、「KAITEKI価値評価」という独自の概念を設け、環境（MOS）、研究開発（MOT）、営業指標（MOE）の３つに分類した上で、それぞれ評価割合を予め定めて年次賞与に反映させている。

　ただし、具体的なKPIやその割合等については明示されていない。

●2022年３月期　有価証券報告書

（ⅳ）年次賞与

執行役の個人別の賞与の額は、KAITEKI価値評価（当社グループが重視するKAITEKI経営の３つの基軸における、年度ごとの目標達成状況）及び個人評価（個人別に設定する中期経営計画における取組み目標の達成状況やリーダーシップ発揮状況等）に応じて決定します。

個人別賞与支給額＝

役位別の基準額 × 「KAITEKI 価値評価＋個人評価」 × 最終調整評価

（ 0 ％ 〜200％)　　　　　　　　 （±20％)

[KAITEKI 価値評価]

　当社のビジョンである KAITEKI 実現に向けた KAITEKI 経営を意識づけるため、KAITEKI 経営の 3 つの基軸（MOS・MOT・MOE）それぞれにおける経営指標を直接賞与の評価指標として用いることとしています。

　KAITEKI 価値評価における具体的な評価指標は、毎期、以下を中心に選定することとしています。

KAITEKI 経営の基軸	各基軸における経営指標＝賞与評価指標	評価割合
MOS	温室効果ガス等の環境負荷削減、健康・医療への貢献、社会課題への貢献、コンプライアンス、事故・火災の防止等に関わるものとして定めた指標	20%
MOT	研究開発の効率性、技術の優位性及び社会のニーズとの整合性に関わる指標	10%
MOE	コア営業利益、ROE、ROIC、営業キャッシュ・フロー等に関わる指標	70%

3　ESG に関する KPI の設定

① KPI の実例

　ESG に関する KPI は様々なものがある。一般的な指標から、筆者が考案したものまであるが、その一部を紹介する。

　例えば、環境については、GHG(温暖化ガス)排出量・水使用量・エネルギー消費量・プラスチック使用量の削減、リサイクル率、自然エネルギー使用発電の比率等々が考えられる。

また、社会については、女性管理職比率の向上、労働災害発生率の低減、男性育児休暇取得率の向上、男女給与格差の減少、フードマイレージ・フェアトレードの実施率等が考えられる。

　そして、コーポレート・ガバナンスについては、女性役員比率の向上、業績連動報酬比率の向上、株主・投資家との対話数・量の向上等が考えられる。

② KPIと報酬の接続

　上記KPIの中には、ESGの実現度合いを適切に反映できているか判断しづらいものもある。しかし、役員報酬の算定にESG実現のためのインセンティブの要素を盛り込むためには、まず一定のKPIを設けた上で、報酬委員会等において客観的かつ公平・公正に議論を行うことが欠かせない。

　つまり、各社のESGをはじめとするサステナビリティ対応から求められるKPIを選択・設定して、役員報酬にその理念や目的を反映させるためのストーリーをつなげることが重要であり、そのストーリーの説得力こそが、株主・投資家に対するアピールにつながり、また、役員が適切なESGを実現するためのインセンティブともなるのである。

4 ESG対応報酬のハードル

① コストと人手等

　実際には、ESGの要素を役員報酬に盛り込んでいる会社はさほど多数とはいえない。2022年4月4日時点で東証プライム市場に上場する会社のうち、2022年3月31日の終値ベースの時価総額上位500社を対象とした結果、2022年時点で96社とのことである（松木健志「非財務指標を反映した

役員報酬制度〜ESG指標の種類と採用企業の傾向〜」『日興リサーチレビュー（2022年7月）』参照）。

　この調査では東証上場会社約3,800社中のプライム市場時価総額上位500社が対象となっているが、コーポレート・ガバナンスに意識が高くコストや人手をかけることが可能な会社でも、そのうちの2割弱しか対応していないということがわかる。また、上場会社約1,000社に対する調査において、ESG指標を役員報酬決定に活用している会社は7.4％という調査結果もある（デロイトトーマツグループHP「『役員報酬サーベイ（2022年度版）』の結果を発表」（2022年10月27日）参照）。

　すると、仮に、上位500社から東証上場会社全体の約3,800社に分母を広げた場合を想定すると、ESG報酬まで導入する会社は、現時点ではごくわずかと考えるほかない。

　また、ESGやサステナビリティに対して懐疑的な取締役がいれば、こうしたESG対応報酬を導入することはないであろう。

② 税制上の問題

　役員報酬にESG指標を連動させる場合は、固定的な報酬ではないことから、会社法上は、業績連動報酬又は株式報酬（新株予約権等を含む）となる。

　では、法人税法上はどのように扱われるであろうか。この点、税法上は、定期同額給与、事前確定届出給与、業績連動給与の3類型のみに損金算入が認められている。

　ESG指標連動報酬の場合、定期同額給与には明らかに該当せず、また、事前確定届出給与への該当性も認められないであろう（譲渡制限付株式報酬は、「事後的に一定の期間が経過することにより株式の財産的価値が生じる」という解釈が可能であると考えられる）。

　すると、業績連動給与に該当しなければ損金算入が不可能となる。しかし、業績連動報酬の要件としては、利益操作が行われないよう、利益、利

益と同時に評価に使われる売上高、及び株価に関連する業績指標しか認められず、かつ、有価証券報告書における開示が必要とされる。そのため、ESG における KPI を採用した報酬制度を導入したとしても、利益にも株価にも直接つながらないことから、損金算入が認められる可能性が低いように思われる。

　現状は、大規模な上場会社、すなわち販管費における役員報酬の占める割合比率が低く、ESG 指標に連動する報酬に関する損金算入が認められなくとも影響が小さい上場会社や、損金算入できなくともそれを上回る利益等の獲得が可能という自信がある会社でなければ、導入は容易ではないであろう。

　また、導入するとしても、他の業績連動報酬と区分した独立性の強い個別議案として ESG 指標連動給与制度を設計して、他の役員報酬に関しては損金算入が認められるように分離する（分離した場合に損金算入ができるかどうかは、各社にて要確認）等の設計上の工夫も重要となる。

　筆者としては、税収も大切であるが、ESG の普及のためにも、ESG 指標連動報酬については、一定の要件の下、損金算入を認めてもよいのではないかと考えている。

参考文献

【書　籍】
・祝田法律事務所編『任意の指名委員会・報酬委員会の実態調査——JPX 日経インデックス400を対象に——（別冊商事法務 No.435）』商事法務、2018年
・澤口実・渡辺邦広編著『指名諮問委員会・報酬諮問委員会の実務』第 2 版、商事法務、2019年
・日本弁護士連合会編『実務解説 改正会社法』第 2 版、弘文堂、2021年
・森・濱田松本法律事務所編『機関投資家の議決権行使方針及び結果の分析〔2021年版〕（別冊商事法務 No.463）』商事法務、2021年

【雑　誌】
・内ヶ﨑茂ほか「日経500社における経営者報酬制度の設計・開示状況——2020年 9 月日経500銘柄採用企業——」『資料版／商事法務』2020年11月号
・渡辺邦広ほか「指名・報酬に関する任意の諮問委員会の最新動向」『資料版／商事法務』2020年12月号
・鈴木啓介ほか「日経500社における経営者報酬制度の設計・開示状況——2021年 9 月日経500銘柄採用企業——」『資料版／商事法務』2021年11月号
・澁谷展由「TOPIX100社の2021年報酬開示の分析——報酬委員会の運営状況，役員報酬設計例（非財務指標等）——」『資料版／商事法務』2021年12月号
・「日産自動車役員報酬等に係る金融商品取引法違反被告事件 東京地判令 4・3・3」『資料版／商事法務』2022年 5 月号
・伊藤靖史「日産自動車役員報酬等に係る金融商品取引法違反被告事件の検討（東京地判令和 4 年 3 月 3 日本誌458号123頁）」『資料版／商事法務』2022年 6 月号
・隅山正敏「役員報酬規制」『SOMPO Institute Plus Report』74巻
・坂東洋行「英国における役員報酬改革」『早稲田法學』94巻 3 号

【ウェブサイト】
・綾高徳「ESG と役員報酬に関するアメリカ企業の事例研究と日本企業への示唆 Apple 社、P&G 社、Disney 社、SBUX（スターバックス）社、NIKE 社を例に」（2022年 3 月）株式会社日本総合研究所ホームページ
・一般財団法人比較法研究センター「役員報酬の在り方に関する会社法上の論点の調査研究業務報告書」（2015年 1 月）法務省ホームページ

・ウイリス・タワーズワトソン「ウイリス・タワーズワトソン、『改正会社法を踏まえた役員報酬等の開示状況』、調査結果を発表」（2021年8月）ウイリス・タワーズワトソンホームページ
・株式会社新経営サービス「役員報酬.com」
・キリンホールディングス株式会社「パーパス＞コーポレートガバナンス＞役員報酬」キリンホールディングス株式会社ホームページ
・櫛笥隆亮「ESGと経営者報酬　インセンティブ報酬におけるESG指標の導入状況と設計上の論点」（2022年4月）ウイリス・タワーズワトソンホームページ
・経済産業省「指名委員会・報酬委員会及び後継者計画の活用に関する指針――コーポレート・ガバナンス・システムに関する実務指針（CGSガイドライン）別冊――」（2022年7月）経済産業省ホームページ
・国税庁「No.5211 役員に対する給与（平成29年4月1日以後支給決議分）」国税庁ホームページ
・佐藤優樹「日本におけるクローバック条項の是非を考える」（2020年4月）ウイリス・タワーズワトソンホームページ
・デロイトトーマツグループ「『役員報酬サーベイ（2022年度版）』の結果を発表」（2022年10月）デロイトトーマツグループホームページ
・内閣府男女共同参画局「女性役員情報サイト　1　上場企業における女性役員の状況」内閣府ホームページ

（※）その他の資料は、本文に記載されています。

おわりに

　役員報酬は、コーポレート・ガバナンス上重要なものであり、先進国の間では、自社に適した報酬制度を取り入れるのは当然のことと理解されています。しかし、日本では、役員報酬に関する仕組みを適切に構築して運用するということについては、一部の企業を除いてなかなか進んでいないのではないかと感じています。そこで、わかりやすく実例を紹介する書籍があり、それを参考にできれば、上場会社の役員報酬制度が充実してくるのではないかと考え、本書を執筆いたしました。

　実際に実例を探してみますと、どれを紹介すればわかりやすいか、また、どのような解説をつければよいか悩みましたが、思い切って本書に引用した実例に絞りました。引用した実例につきましては、コーポレート・ガバナンス上先進的な取組みを示す著名企業に限らず、広く集めたつもりですが、まだまだ色々な例があろうかと思います。

　本書をきっかけに、役員報酬制度の進歩につなげていただき、もし物足りなければ、独自に有価証券報告書や株主総会招集通知、適時開示等を調べていただければ、より役員報酬について世界が広がるかと思います。

　最後になりましたが、厳しいスケジュールの中出版を進めてくださった、清文社の山田英様に厚く御礼申し上げます。

2022年12月

弁護士　中西 和幸

◆ 著者紹介

中西 和幸 (なかにし かずゆき)
田辺総合法律事務所 パートナー弁護士

四半世紀以上、会社法を中心とする業務、特に、コーポレート・ガバナンス（株主総会指導、取締役会支援、コンプライアンス）、M&A、不正調査（第三者委員会、社内調査、子会社調査等）に従事。書籍・雑誌の執筆多数。

【経　歴】
1995年4月　弁護士登録（第一東京弁護士会）
2007年4月　第一東京弁護士会 総合法律研究所会社法研究部会 部会長（2011年4月まで）
2018年11月　司法試験考査委員及び司法試験予備試験考査委員（商法）（2021年11月まで）

企業において、㈱レナウン社外取締役・オーデリック㈱社外監査役・㈱VAZ社外監査役・㈱グローバル・リンク・マネジメント社外取締役監査等委員を歴任。金融庁の企業会計審議会では監査部会臨時委員を務めた。

【主な著書】
・『担当部門別 会社役員の法務必携』（共著、清文社、2007年）
・『企業不祥事と対応 事例検証』（共著、清文社、2009年）
・『企業法務からみた 株式評価とM&A手続』（共著、清文社、2010年）
・『実践！ 営業秘密管理 企業秘密の漏えいを防止せよ！』（共著、中央経済社、2012年）
・『スクイーズ・アウトと株価決定の実務』（共著、新日本法規、2016年）
・『金融機関の法務対策5000講 Ⅴ巻』（共著、きんざい、2018年）
・『新版 架空循環取引 法律・会計・税務の実務対応』（共著、清文社、2019年）
・『企業不祥事インデックス（第2版）』（共著、商事法務、2019年）
・『Q&A 兼務役員の法務と実務 企業集団における人材活用』（共著、商事法務、2020年）
・『「社外取締役ガイドライン」の解説（第3版）』（共著、商事法務、2020年）
・『役員報酬をめぐる法務・会計・税務（第5版）』（共著、清文社、2020年）
・『総務・事務局担当者のための社外取締役対応の現場Q&A』（中央経済社、2022年）
　その他雑誌寄稿多数

企業戦略としての役員報酬 —設計・開示例をもとに

2023年2月6日　発行

著　者　　中西 和幸 ⓒ

発行者　　小泉 定裕

発行所　　株式会社 清文社　　東京都文京区小石川1丁目3-25（小石川大国ビル）
　　　　　　　　　　　　　　〒112-0002　電話03（4332）1375　FAX03（4332）1376
　　　　　　　　　　　　　　大阪市北区天神橋2丁目北2-6（大和南森町ビル）
　　　　　　　　　　　　　　〒530-0041　電話06（6135）4050　FAX06（6135）4059
　　　　　　　　　　　　　　URL https://www.skattsei.co.jp/

印刷：藤原印刷㈱

ISBN978-4-433-74102-0